*Josef August Beringer*

# Geschichte der Mannheimer Zeichnungsakademie

DOGMA

*Josef August Beringer*

**Geschichte der Mannheimer Zeichnungsakademie**

*ISBN/EAN: 9783955075521*

*Auflage: 1*

*Erscheinungsjahr: 2012*

*Erscheinungsort: Bremen, Deutschland*

# GESCHICHTE

### DER

# MANNHEIMER ZEICHNUNGSAKADEMIE

---

**JOS. AUG. BERINGER**

---

STRASSBURG

Universitäts-Buchdruckerei von J. H. Ed. Heitz

(Heitz & Mündel)

1902

Kein Denkmal aus Stein oder Erz, keine Strasse, kein
Gebäude, kaum der wenig gebrauchte Name eines Platzes vor
der ausgedehnten Front des Schlosses bezeichnet in Mannheim
den Fürsten, der seine Residenz zu einer Stadt des Glanzes,
der Kunst und Wissenschaft erhoben hat. Allerdings, wo
immer sonst von Mannheim als einem Sitz der Musen, einem
Hort des Geistes und der Schönheit die Rede ist, wird es mit
dem Namen des letzten pfälzischen Kurfürsten, mit Karl
Theodor, verknüpft sein. Das dauerndste Denkmal hat Karl
Theodor durch die Förderung der Künste und Wissenschaften
sich selbst errichtet. Blüte und Glanz der Künste und Wissenschaften in der zweiten Hälfte des XVIII. Jahrhunderts sind die
unvergänglichst strahlenden Edelsteine in dem erbleichenden
Glanz der kurpfälzischen Krone, die im Werdegang der zu
neuen Trieben und Gestaltungen reif gewordenen Zeit aus ihrer
weithin leuchtenden und wirkenden Kraft in ein Neues,
Anderes zerschmelzen sollte. — Wer die künstlerische Ent-
wickelung mit dem betrachtenden Auge des Historikers über-
blickt, wird in den Schöpfungen der bildenden Künste am
Ausgang des XVIII. Jahrhunderts die letzte Aeusserung künstlerischer Bestrebungen und Thaten sehen, die in den Rhein-
landen mit dem vorromanischen Stil begannen. Kein Gebiet des
deutschen Landes zeigt die Entwicklung so deutlich und un-
unterbrochen, wie die alte Kulturstrasse am Rhein entlang.
Von den ehrwürdig strengen Zeugnissen des romanischen Stils,
die durch die Machtfülle des hierarchisch geordneten Welt-

und Ordensklerus geschaffen wurden, über die hochragenden
Schöpfungen der gotischen Periode hinweg, die aus dem
mystischen Gemeinsamkeitsbedürfnis des Volkes erwuchsen,
zu den harmonischen Werken der Renaissancezeit, die aus dem
Schönheitsbedürfnis der mächtigen und glanzliebenden Fürsten,
wie der Gemeinden und Bürger hervorgingen, bis hin zu den
heitern und lebensfrohen Denkmalen des Rokokozeitalters, die
an den Fürsten- und Bischofssitzen aus dem Bedürfnisse eines
erhöhten Lebens- und Kunstreizes sorglos errichtet wurden:
am Rhein ein ununterbrochener, nie stockender Strom künstlerischer Bethätigung. Schon fast unter dem erschütternden
Brausen der herannahenden französischen Revolution, die eine
neue Welt gebar, werden die letzten Werke dieser Stilepoche
geschaffen. Karl Theodor war es beschieden, in einer 56jäh-
rigen Regierungszeit die alte und die neue Zeit zu erleben. Es
hat etwas Erschütterndes zu sehen, wie aus dem von der sprüh-
endsten Lebenslust durchglühten, von einer schwärmerischen
Liebe zu den Künsten und Wissenschaften durchflammten,
sein Volk wahrhaft väterlich liebenden und von diesem wieder
geliebten Fürsten durch die Ungunst der Zeit, allmählich ein
aller Lebensfreuden barer, in seinen Empfindungen und An-
schauuungen vereinsamter, von seinem Volk verlassener, sogar
angefeindeter Greis wird, der mit Enttäuschung und Ekel aus
den Geschäften und dem Gange der Welt scheidet — als ein
Fürst, der das Beste seiner Unterthanen wollte, und der alle
seine Mühen und Sorgen in nichts zerrinnen und seine Krone
auf eine ihm mehr als gleichgültige Linie übergehen sieht,
weil seine lange freud- und reizlose Ehe keinen Erben des
Thrones gebracht hat. Drei Herrschaften hatte er unter seinem
Szepter vereinigt — alle drei fielen kurz nach seinem Tode drei
verschiedenen Herrschern zu. Nur in den Denkmälern der Kunst
weht heute noch in allen dreien dieser Landesteile ein Hauch
seines Geistes als Zeugnis ihrer einstigen Einheit.

Noch ganz in den Traditionen einer Jahrhunderte alten
Aristokratie aufgewachsen und erzogen, in den Künsten und
Wissenschaften ebenso, wie in einer schillernden Kasuistik von
den Jesuiten gebildet, von den sozialen und ethischen Privi-
legien eines Fürsten seiner Zeit durchdrungen, sieht Karl

Theodor am Ende seines Lebens die Massen des Volkes zur Herrschaft gelangen und erlebt es, dass neue Staatsgrundgesetze gefordert und verkündet werden. Er, dem ekle Schmeichler, geschmeidige Hofmänner, tüchtige Künstler und ein rühriges, intelligentes Volk den Weihrauch des Ruhmes in verschwenderischer Fülle gereicht hatten, sieht sich am Ende seines Lebens von allen verlassen. Er wird eine Beute intriganten Eigennutzes. Derbere Sitten und Anschauungen, als er sie in der Blüte seiner Jahre gesehen und erfahren hatte, umgeben ihn am Ende seines Lebens, widern ihn an und lähmen seine Schaffensfreudigkeit. Keine seiner Thaten ist von der Glorie harmonischer Geschlossenheit und Abrundung umstrahlt. Er ist das Opfer einer neuen gewaltsamen und gewaltthätigen Zeit.

Psychologisch ist die von den Historikern beklagte Schläfrigkeit und Müdigkeit in seinem Thun durchaus erklärlich aus den Umständen, denn Karl Theodor war in seinem Leben nie ein Drauflosgänger, der die Verhältnisse nach sich zu modeln suchte. Er suchte vielmehr aus den Verhältnissen heraus das Beste für seine Zeit und sein Volk zu retten. Wenn Karl Theodor auch das Wort seines Nachfolgers in einem Teile der kurpfälzischen Lande nicht gesprochen hat, das Wort Karl Friedrichs: «Ich will, dass mein Volk ein freies, opulentes, gesittetes und christliches sei!» der Inhalt dieses Satzes stand ihm allzeit vor Augen. Er hat in weitergehendem Mass als jeder seiner Vorgänger religiöse Duldung geübt und verlangt und den Bildungsanstalten in jedem Betracht eifrige Sorge zugewandt. Zur Hebung der Industrie, des Handels und des Gewerbes sind von Karl Theodor umfassende Massnahmen getroffen worden, und wenn uns heute die damaligen Unternehmungen als klein oder verfehlt erscheinen, so darf nicht vergessen werden, dass die jetzigen von glücklicheren Zeitverhältnissen gefördert und begünstigt worden sind. Immerhin hat Karl Theodor die Pfalz zu einem an Erzeugnissen der Natur und des menschlichen Fleisses reichen Lande machen wollen und zum Teil auch gemacht.

Es waren von lauterster, staatsmännischer Weisheit und Regierungstüchtigkeit geleitete Entschliessungen, dass Karl Friedrich, sozusagen gegen den Willen von Mannheims Be-

wohnern, die Stadt auf den Weg wies, auf dem sie sich
am sichersten und raschesten von den Schicksalen des
Krieges erholen konnte : auf die Wege des rührigen und alle
Kräfte frei machenden Lebens industrieller und kommerzieller
Thaten. Es ist ein Beweis tiefer Menschenkenntnis, wenn
Karl Friedrich den dringenden Bitten von Mannheims Sach-
waltern widerstanden hat, durch Errichtung hoher Schulen
und glänzender Kunstanstalten die Mannheimer noch einmal zu
Kostgängern zu machen, wie sie es am Hofe Karl Theodors
gewesen waren. Der bewegliche, in seinen Entschliessungen
rasch fertige Sinn der Pfälzer war den neuen Zeitverhältnissen
entsprechend. —

Es kann zugegeben werden, dass Karl Theodor seinen
Idealen von Künsten und Wissenschaften nur verworren ge-
dient hat, dass er eher ein Zuviel begünstigte, als eine solide
Fundamentierung des Unternommenen bedachte ; aber kein
gerechtes Urteil wird das beste, aus dem menschlich gütigsten
Herzen kommende Wollen in Abrede stellen können. Und
zweifellos ist Mannheims Blüte in den Künsten für immer mit
seinem letzten Kurfürsten verknüpft, wie Iffland in seiner
Autobiographie es richtig ausspricht : «Er hat bei dem Antritt
seiner Regierung so vieles noch in Ruinen gefunden, nach
seiner vieljährigen Regierung ist so manches jetzt wieder zer-
trümmert worden, und dennoch ist so vieles noch erhalten
worden, dessen ich mich mit freudiger Rührung erinnere. Der
Kunstfreund findet überall seine Spur, in seinem Thun seine
Gesinnungen. Der Nachwelt wird sein Name gegenwärtig sein.»
Karl Theodors Werk war es auch, den Künstler aus dem
Gemeinen herauszuheben und ihm eine seinem Können entsprechende würdige Stellung im Staatsganzen anzuweisen. Er
hat aus Kammerdienern, wie die Kabinettsmaler es waren,
Kammer- und Regierungsräte gemacht und ihnen eine geschützte,
sogar einflussreiche Stelle in der Hofhaltung eingeräumt. Noch
in die Regierungsjahre Karl Philipps hinein wirkt im Verhalten
der Künstler gegenüber dem Fürsten und den fürstlichen Behörden der Charakter als Titularkammerdiener nach, der den
Bildhauern und Malern des kurpfälzischen Hofes zukam. Ihre
Eingaben, ihre Wünsche und Beschwerden sind im Tone von

Dienern gehalten, denen jede Vergünstigung eine unverdiente Gnade bedeutet, die ihnen aus der Hand des Fürsten zufliesst. Karl Theodor hat eine nicht geringe Anzahl von Hofkünstlern von seinem Vorfahr Karl Philipp übernommen. Nach der Hofordnung, die fünf «Staabsämter» kannte, waren sie dem Oberhofmeisterstaabsamt unterstellt, wenn sie Kabinetts- oder Hofmaler und Hofbildhauer waren. Der Titel Theatermaler, gewöhnlich die Vorstufe zum Hofmaler, rangierte dem Musikstaab zu. In den Händen der Staabsbehörden lag die Disziplinar-Jurisdiktion über die ihr zugehörigen Beamten. Bei der naheliegenden und oft ineinander hinübergreifenden Verwendung der Theatermaler zu Diensten an Hof und der Hofmaler zu Theaterarbeiten, entstehen oft Kompetenzkonflikte, die durch den Kurfürsten in eigener Person geschlichtet werden müssen.

Der Eintritt eines Künstlers hat in diesen Staabs- und Dienerabhängigkeitsverhältnissen im Laufe der Jahre völligen Wandel geschaffen. Der nachmalige Direktor der Zeichnungsakademie, Peter Verschaffelt aus Gent, der in Paris sich ehrenvolle Medaillen errungen, der in Rom die Gunst des Papstes gewonnen und vertrauten Umgang mit den Kardinälen gehabt hatte, dessen Schaffen weithin anerkannt war, indem bereits Werke seiner Hand die Kirchen Roms, Bolognas, Anconas und des Klosters Monte Cassino zierten, der sich anschickte, ein Landsmann Hogarths, Reynolds und Gainsboroughs zu werden: Peter Verschaffelt, der Bildhauer, Architekt und Zeichner, hat die Mannheimer Künstler ihrer subalternen Stellung entrissen und sich, wie seinen Genossen in der Kunst, die freiere Stellung gegeben, die sie in eine Linie mit der unmittelbaren adligen Umgebung und der höheren Beamtenschaft des Fürsten gestellt. Sein vorwärtsdrängender, energischer Geist, sein Ehrgeiz, seine damals hochgeachtete römische Schulung und das Bewusstsein seines Könnens duldeten keine Zurücksetzung. Es gibt kein gewichtigeres und untrüglicheres Zeichen für die wahre, in seiner Natur tief begründete Liebe zu den Künsten bei Karl Theodor, als dass er unerschütterlich zu Verschaffelt, und damit zur Kunst, steht, mochte dieser auch noch so oft die Formen und Sitten des Hoflebens und Hofverkehrs in seinem Ungestüm durchbrechen.

Von dem Augenblick seines Eintritts in kurpfälzische
Dienste an weiss Verschaffelt seine Stellung und seine Person
gegen Verunglimpfung und Schmälerung zu wahren und sich
denjenigen Raum zu schaffen, der ihm als Künstler und Mensch
zur vollen Bethätigung seiner Kräfte und Fähigkeiten nötig
schien. Wer die Anregung zu seiner Uebersiedlung von London,
nach Mannheim gegeben hat, ist aus den Akten nicht genau
zu erkennen. Wahrscheinlich ging sie von Karl Theodor aus,
der einen tüchtigen Bildhauer brauchte, um die nach Bibienas
Plänen ihrer Vollendung entgegengehende Jesuitenkirche mit
plastischen Werken auszustatten und um den unter N. von
Pigages und Skells Leitung fortgeschrittenen Schlossgarten zu
Schwetzingen mit statuarischem Schmuck zu versehen.

Das Ernennungsdekret des «Pierre Werschaffeler zum
Hofbildhauer mit 600 fl. à primae Maij letzthin anfangend»
datiert vom 21. Juni 1752. Die Weisung an die Generalkasse
zur Auszahlung der Besoldung erfolgt am 15. September des-
selben Jahres, so dass der Eintritt Verschaffelts in kurpfälzische
Dienste in das Spätjahr 1752 fällt. Die ungenügenden Raum-
verhältnisse, das Fehlen einer Bildhauerwerkstätte und «der
zu Behuf der herrschaftlichen Arbeit benötigte Materialia»
geben Verschaffelt gleich Gelegenheit, die ihm und seiner künstlerischen Thätigkeit hinderlich in den Weg tretenden Widerstände kennen zu lernen. Um jede, auch die geringste Kleinigkeit muss er schriftlich bei der Hofkammer einkommen, die
dann auf der langsamen Papierstrasse der Verfügung den
Materialverwalter anweist, des Verlangte entweder ganz oder
teilweise gegen Schein oder Quittung zu verabfolgen, wobei
der Materialverwalter Strehle — der sich aber in einer dem
französischen Hofton gefälligen Absicht Strellé zu nennen pflegt
— dann noch, vielleicht im Einverständnis und mit Billigung
der höheren Finanzverwaltung durch allerhand Einschränkungen
und Ausflüchte die bereits bewilligte Abgabe an Materialien
erschwert. Die Vexationen, die mit dem Wegzug Karl Theodors
von Mannheim von der Beamtenschaft gegen die Künstler, insbesondere gegen die Zeichnungsakademie und ihre Angehörigen
gerichtet werden, nehmen bereits hier ihren Anfang. Es gehörte die ganze Kraft und Energie eines so unerschrockenen

und selbstsichern Künstlers dazu, wie Verschaffelt es war, sie zu überwinden.

Mit dem Beginn seiner Thätigkeit in Mannheim wird für ihn sofort der Mangel einer geeigneten Arbeitsstätte fühlbar. Auf seine Anforderung erhält der Hofbaumeister Raballiati von der Hofkammer den Auftrag, «einen Schoppen und Werkstatt in dem ohnlängst verfertigten neuen Bauhof nach Massgab des hierbei kommenden Pro memoria und selbigem beygehefteten Plans»[1] zu errichten; wofür «die zu sothanen Bau erforderlichen unkösten nur auf 360 fl. sich belaufen sollen. Die Materialien sollen von dem alten kurfürstlichen Waschhauss hiezu verwendet, dem Bau zugeführt und unter behöriger Nachsicht auf eine dauerhafte Weiss vollführt werden.» Von nun an bilden Forderungen von Schreib- und Zeichenmaterial, von Gerätschaften für Schreiner-, Maurer- und Zimmermannsarbeit, von Brennholz zum Heizen und Kohlen (Holzkohlen) zum «Gibsbrennen» ständige Rubriken im Verkehr Verschaffelts mit der Materialverwaltung und durch diese mit der Hofkammer. Da Verschaffelt sich nicht von der Anwesenheit des Materialverwalters Strehle abhängig machen will, so verlangt er einen Schlüssel, um ungehindert zu seiner Werkstätte gelangen zu können. Er wird bewilligt; aber Strehle bemerkt bald, dass Verschaffelt «mehrere schlissel bestölt had», damit von den Arbeitern «jeder nach Gemachlichkeit» in den Bauhof kann. Er beklagt sich beim Kurfürsten, dass die Thüren offen stehen und alles auf dem Bauhof «preiss stehe». Zur Abhilfe dieses Missstandes wird angeordnet, dass für die Verschaffelt'sche Werkstätte aus «altem Gehöltz und Bordt» ein besonderer Eingang verfertigt werden solle.

Strehle scheint aber sein Interesse daran gehabt zu haben, möglichst Widerstände und Hemmungen zu bereiten, und es sind auf die Vorstellungen Verschaffelts hin wiederholte und energische Weisungen nötig, um ihn zu bewegen, «die zu Behuf deren zu verfertigend habenden Modellen benötigten geraitschaften auf jedesmaliges Ansinnen abzugeben» und in Ausgabe zu verrechnen, damit Verschaffelt in «seiner Arbeit nicht aufgehalten und dessen Gesellen nicht behindert werden mögen». — Die Arbeit, die in diesen ersten Jahren (52—56) von Verschaffelt

geleistet wurde, bezieht sich vornehmlich auf die Werke, die
in der Jesuitenkirche Aufstellung gefunden haben: die Figuren
der Fassade, des Hoch- und des in der linken Seitenkapelle
stehenden Kreuzaltars, sowie die Reliefs über den Altarbildern
der Seitenaltäre.

Vom Kameralstandpunkt aus mag die genaue Kontrolle
über den Materialverbrauch Verschaffelts voll berechtigt gewesen
sein, zumal das Anstellungsdekret nur von dem 600 fl. be-
tragenden Gehalt spricht. Vom Standpunkt des Künstlers aus
aber waren die kleinlichen Massnahmen unerträglich. Verschaffelt fühlte sich in seiner Künstlerfreiheit beschränkt und
durch das fortdauernde misstrauische Kontrollieren gekränkt. Er
empfindet es als eine Last, um Wiederherstellung jeder zer-
brochenen Fensterscheibe, um jedes Scheit Holz zum Heizen,
um jeden Nagel zum Anfertigen der Gerüste, überhaupt die
«verschiedenen Kleinigkeiten zu denen Modellen» u. s. f. einkommen zu müssen, wodurch Verzögerung der Arbeit und
Mehrkosten für das kurfürstliche Aerarium entstehen. Er
wendet sich deshalb (Mai 55) um Abänderung dieser Verhältnisse an die Hofkammer: «Es wird auch Einer Hochlöblichen
Hofkammer sehr missfällig fallen wenn ich gleichsam alle tage
mit neue sachen, welche zwar in Kleinigkeiten bestehen, solte
einen schein begehren, in deme man Erst in der arbeith
sehen kann, wie die materialien erforderlich seind, und mir
alle nahmen der materialien in der teuschen sprach unbekannt
seynd; und meine gesellen würden mannigmahl etliche tage
darauf feuren müssen, also will ich Euer Churfürstlichen Durchlaucht hochlöbliche Hofkammer gehorsambst anheim stellen wie
sie es zum besten erachten bitte aber umb gnädigste resolution,
weillen ich würklich in der arbeith auf gehalten werde.»

Die Hofkammer fand es jedoch für gut, beim bisherigen
Verfahren zu bleiben. Aergerlich darüber wendet sich Verschaffelt an den Churfürsten selbst (Nov. 55). In seiner Eingabe führt er aus, «dass ihro churfürstliche Durchlaucht die
sonderbahre clements vor mich gehabt habe, mich von London
hierher in dero Diensten gnädigst zu berufen, mit jährlicher
Besoldung von 600 fl. und frey quartier, welches so viel bedeutet freye Wohnung, Holtz und Lichte.» Die Hofkammer

hat die gemessene Ordre an Herrn Baumeister Raballiati ergehen lassen, «mir eine Werkstatt zu bauen, welche zwar für gantz 'andere Sachen sehr dienlich, aber für die von ihre churfürstliche Durchlaucht bestelle arbeith gantz unbequem.» Auch Brennholz und Kohlen sind verabfolgt worden. «Nun haben aber Ew. churfürstlichen Durchlaucht Hofkammer für gut befunden nachzusuchen, wie diese ordres lauten, welches mich veranlasset, sie die Mühe des Suchens zu überheben,» indem er die Kopien des Anstellungspatentes anschliesst. Mit Rücksicht darauf bittet er, dass ihm Strehle «oder auch ein anderer» das Benötigte in seine Werkstatt verabfolge oder anschaffe, damit die «vor Ihro churfürstliche Durchlaucht m. gnäd. Herrn bestellte arbeit verfertiget und mich ohne Schaden sehen wollen» — — — Der Hofkammerrat und Referent der Baukommission Sartorius erhält die Auflage, einen Bericht in Betreff der Verschaffelt'schen Anregungen auszuarbeiten, inzwischen aber muss Verschaffelt Holz, Kohlen, Licht, Modellierthon u. s. f. wie bisher weiter verlangen.

Der widerstrebende Materialverwalter Strehle starb im Frühjahr 56. Sein Nachfolger Becker wird in den Befugnissen eingeschränkt. Er darf keine Zahlungszettel mehr ausstellen und muss über die Holzabgabe ein zuverlässiges, mit jedesmaligem Datum bemerktes Verzeichnis führen, «gestalten man zu wissen anverlanget, wieviel gemeines Brennholz von Zeit zu Zeit an Hofbildhauer Verschaffelt abzugeben verordnet und abgefolget worden seye.»

Die fortgesetzten Erschwerungen und Behinderungen der künstlerischen Thätigkeit, wie sie durch den papierenen Kammerverkehr veranlasst und bedingt wurden, haben gewiss in Verschaffelt den Plan reifen lassen, sich auf einem andern Weg eine freiere Bewegung seiner Kräfte und Vorhaben zu verschaffen. Seit Eintritt in den churfürstlichen Dienst hat er mit seinem Modell Jos. Unser «eine kleine Akademie» gehalten. Verschaffelt, den Wunsch und die Absicht seines fürstlichen Herrn kennend, seinen Landen jede mögliche Gelegenheit zur Bildung und Vervollkommnung der geistigen Kräfte seiner Unterthanen zu gewähren, aus seinen Landen selbst die Künstler für seinen Hof heranzuziehen und damit dem Land grosse

Summen zu ersparen, Verschaffelt regt beim Kurfürsten die
Errichtung einer Bildhauerakademie an und schlägt zugleich
vor, Wohnung, Werkstätte und Akademie in ein Haus zu
verlegen. Wohl wissend, dass mit einem allgemeinen Vorschlag nichts gewonnen sei, arbeitet er gleich die Pläne
für das ganze Gebäude aus und legt sie dem Kurfürsten vor
(28. September 56).

Für die grösseren statuarischen Werke war für Verschaffelt von Carrara zu Wasser über Rotterdam Marmor gekommen. Zu seiner Aufbewahrung und Bearbeitung sollte nach
den Plänen von Raballiati eine Werkstatt errichtet werden,
deren Ueberschlag sich auf 3672 fl. belief. Ein anderer Plan
aus dessen Hand war in der Ausführung ohne Glaser-,
Schlosser-, Schreiner-, und Tüncherarbeit auf 3655 fl. berechnet.

Nach dem Verschaffelt'schen Plan, «worinnen ein Gebäu
zu dessen Wohnung, auch Platz zu einer gnädigst abgeziehlten
Akademie de sculpture» einbegriffen war, belief sich die ganze
Bausumme auf 7239 fl. Bereits am 19. Oktober erfolgt der kurfürstliche Entscheid, «dass das im Behuf der Hofbildhauerei
und academie de sculpture zu erbauende auf 7239 fl. zu stehen
kommende Gebäude auf dem nächst dem guarnisons Lazareth
dahier befindlichen geräumen Platz gestellt werden solle.» Es
ist das heutige Gebäude F 1. 1, jetzt Cigarrenfabrik und
Wohnhaus. Verschaffelt wird angehalten, dieses Gebäude
nach dem von ihm vorgeschlagenen Plan und Preis selbst zu
bauen, wozu ihm ein Drittel der Bausumme mit 2418 fl. zwar
vom Kurfürsten sofort angewiesen, aber von der Hofkammer
und Generalkasse nicht ausbezahlt wurde. Zugleich wird die
Baukommission beauftragt, dem «gedachten Hofbildhauer ernst-
haft einzubinden, dass derselbe also gleich die erbawung derer
Fundamenten ins werk richten, sondern auch bedacht zu
nehmen, dass das Gebäu in dauerhafter Arbeit aufgestellt
werden möge». — Offenbar fühlt sich die Baukommission durch
den Gegenvorschlag Verschaffelts und durch sein Vortreten
mit den Plänen und Voranschlägen gekränkt. Sie sucht wenigstens noch das Oberaufsichtsrecht beim Bau zu retten.

Verschaffelts Unternehmen als Architekt war ein erster
Versuch. Dass ihm der Ueberblick bei Erstellen eines Bau-

werks, alle die tausend Notwendigkeiten und Zufälligkeiten nicht geläufig waren, geht aus den Folgen deutlich hervor. Immerhin ist der Bau, aus Zweckmässigkeitsgründen unternommen, in einem höchst einfachen und für die in Mannheim übliche Bauweise schlichten Stil durchgeführt. Wie weit das Gebäude im Winter 56/57 noch gefördert werden konnte, ist aus den Akten nicht ersichtlich. Wahrscheinlich ist es zu einer energischen Inangriffnahme nicht gekommen, da der Winter so kalt war, dass Verschaffelt «den weissen Marmor, der bey dem Lazareth liegt», durch Strohdecken schützen musste, «da er sonst wegen der grossen Kälte zerspringen könnte». Auch das von Verschaffelt für das Bibliothekgebäude geschaffene «Frontispic» wird auf Rat Verschaffelts angestrichen, «ansonsten Konnte diesen windter durch die Käldte in Schaden gebracht werden».

In den übrigen Verhältnissen blieb das bisher übliche Verfahren der Anforderung seitens Verschaffelts und der Anweisung seitens der Hofkammer beibehalten. Der Verbrauch an Heiz- und Lichtmaterial scheint in diesem kalten, arbeitsreichen Winter ziemlich gross gewesen zu sein. Wiederholt verlangt Verschaffelt mehrere Wagenladungen Holz; ebenso Kohlen zur «auf Kittung des Marwels» u. s. f. Während der wenigen Jahre seiner Anwesenheit in Mannheim, scheint die manchmal rauhe Art Verschaffelts, die kurz und bündig, aber in den Geschäften immer das Zutreffende auf dem kürzesten Weg zu erreichen weiss, ihm doch unter den Hofbeamten Gönner erworben zu haben. Es ist Graf von Nesselrode, an den sich Verschaffelt vertrauensvoll wenden und Förderung seiner Unternehmen finden konnte. Sowohl in den Anliegen wegen Holz- und Kohlenlieferung, als auch in Sachen der noch immer ausstehenden Zahlung der ersten Baurate steht Graf Nesselrode dem bei der Hofkammer unbequem empfundenen Künstler bei. Auf des Gönners Betreiben wird am 5. März 57 diese erste Rate von der Generalkasse an Verschaffelt ausgefolgt. Gleichsam zur Kompensation des von Verschaffelt durchgesetzten Vorteils bringt die Hofkammer die Holz-, Oel- und Lichtlieferungen wieder in Anregung. Da für diese Naturalzuwendungen an Verschaffelt kein kurfürstlicher Spezialbefehl

vorhanden ist, so trägt die Hofkammer Bedenken, das Brandholz, Oel und Licht für Werkstätte und Haushaltung weiter zu
liefern. Der Auflage von seiten der Hofkammer, eine «Spezifikation»
dessen vorzulegen, was er zur Einheizung und Beleuchtung der
Werkstatt jährlich an Holz, Licht, Oel und Kohlen begehre, (—
die Erweiterung der Bedürfnisse auf die Lieferungen für Verschaffelts Haushalt, wie sie ein Geheimratsprotokoll namentlich hervorhebt, wird von der Hofkammer verschwiegen —) entspricht
Verschaffelt alsbald, indem er für das Atelier und Haus 40,
für die Akademie 10 grosse Wagen Holz anfordert. An Kohlen
werden 2 kleine Wagen, an Olivenöl und Leinöl je 12 Töpfe,
an Kerzen für Atelier und Hausgebrauch 150 ℔., eventuell
16 Mass Baum- und 8 Mass Leinöl und 3 Kasten Kohlen verlangt. Dabei setzt Verschaffelt voraus, dass er den Gips nicht
selbst brennen müsse, andernfalls noch mindestens 6 grosse
Wagen Holz mehr und jeweils für den Arbeiter 24 xr Tagelohn weiter in Rechnung zu setzen seien.

Mit Rücksicht darauf, dass die Hofkammer nur eine Spezifikation des Werkstattverbrauchs — nicht eine solche auch
für den Haushalt — verlangt hat, werden ihm 30 Wagen Holz,
100 ℔. Lichter und das Uebrige nach Ansatz bewilligt. Verschaffelt wendet sich in einem ebenso entschiedenen, als ehr-
erbietigen Schreiben an den Kurfürsten und bemerkt unter
anderem : «Obgleich, gnädigster Herr, ich mich immer blindlings den Befehlen Ew. kurfürstlichen Durchlaucht unterworfen
habe, und ich mir eine Ehre daraus mache, die geringen Talente, die ich mir durch lange und mühsame Arbeit erworben
habe, im Dienste eines Herrschers so voll Güte anzuwenden,
indem ich meine grosse Belohnung in dem Glück sehe, ihm
genügen zu können, sehe ich mich dessen ungeachtet gezwungen, in aller Unterwürfigkeit vorzustellen, dass, als ich
in den Dienst aufgenommen wurde, es Ew. kurfürstlichen
Durchlaucht gefiel, mir einen jährlichen Gehalt von 600 fl.,
Wohnung, Licht, Holz und die Bezahlung meiner Werke zu
bewilligen. Mein Gehalt, so bescheiden er ist, teilt sich zwischen
dem Manne, den ich giessen gelehrt habe, und mir, indem ich
ihm 125 fl. jährlich gebe — — —, ich würde mich also sehr
beklagenswert finden, wenn ich gezwungen wäre, einen Teil

des Wenigen, was mir bleibt, für Heizung und Beleuchtung
anzuwenden. Aber da ich die Gerechtigkeit und unbegrenzte
Güte Ew. kurfürstlichen Durchlaucht kenne, schmeichle ich mir,
dass sie mich dessen nicht berauben wird, was sie mir so
gnädig bewilligt hat und dass sie allerhöchste Befehle geben
wird, kraft derer mir die 50 Wagen Holz und die 150 *tt.* Kerzen,
die ich in meiner Spezifikation bezeichnet habe und die einen
Teil des Einkommens ausmachen, voll geliefert werden.» — —
Der Kurfürst bewilligt hierauf unmittelbar und kurzer
Hand die erbetene Naturallieferung und die Hofkammer berichtet zur selben Zeit, dass sie die allerhöchste Verfügung
gehorsamst beobachten werde.[2]

Der unverhältnismässig breite Raum, den die scheinbar
unbedeutende Holz- und Lichtaffaire in dieser Darstellung ein-
nimmt, findet ihre volle Bewertung erst am Schluss der Geschichte der Zeichnungs-Akademie, wo, wie gezeigt werden
wird, sich ein förmlicher Prozess um diese Lieferungen ent-
spinnt und ein Kammerdirektor durch seine Winkelzüge seine
Stelle darüber verliert.

Der Bau der Akademie schreitet im Anfang des Jahres
57 rüstig vorwärts. Schon in den ersten Tagen des Juli kann
die Baukommission melden, dass die Bildhauerakademie —
Werkstatt und Wohnung — als ein «biss in das Dachwerk
durchaus gut und meisterhaft bereits aufgeführtes Bauwesen
durch Werkverständige genauest examinieret»[3] ist, so dass die
zweite Rate der Bausumme mit 2413 fl. angewiesen werden
kann. Es ist anzunehmen, dass der ganze Bau Ende September oder Anfangs Oktober fertiggestellt war; denn gegen Ende
Oktober beginnt Verschaffelt das Haus einzurichten. Die von
ihm für das neue Akademiehaus angeschafften Oefen, Bänke
und die grosse Lampe für die Akademie werden in den Ko-
pialfaszikeln als «à part bezahlt» bezeichnet. — Nicht so
schnell, als der Bau unter Dach und Fach gebracht worden
war, geht die Zahlung der Bauraten vor sich. Als im Jahr
58 verschiedene Handwerksleute wegen der Zahlung ihrer Ge-
bührnisse teils für Anschaffung von Baumaterialien, teils für
«sauer verdienten Arbeitslohn» vorstellig werden, gibt die
Hofkammer Verschaffelt zu erkennen, dass er die Handwerker

befriedigen solle. Hierauf reklamiert Verschaffelt das noch restierende letzte Drittel der Bausumme und erinnert daran, dass er sich nur weigere das zu bezahlen, was über den Akkord angesetzt sei, und dass er die Kosten für Pflasterung, als ausserhalb des Hausvoranschlags stehend, nicht anzuerkennen vermöge. Zu seiner Legitimation und zur Beruhigung der Werkleute bittet er um Zuweisung eines Werkverständigen zu einer Prüfung und schlägt dafür Baumeister Zeller vor.

Erst im April wird das letzte, bereits lange fällige Drittel der Bausumme ausbezahlt und dem Bildhauer Verschaffelt der Ballier Schlichthörnle zur Verfügung gestellt, um «die Akkorde zu durchgehen, die daran gemachten Arbeiten damit zu conferieren und das Befinden pflichtmässig zu berichten».

Die Ueberschreitung des ursprünglichen Verschaffelt'schen Bauplans hatte ihren Grund darin, dass Verschaffelt, anstatt wie in seinem Plan angegeben, in der Ausführung «um mehrere Zimmer zu bekommen, statt dess geraden, Ein gebrochen Tach machen und in selbiges den 3. stock Einrichten lassen, an welchem gebrochenen Tach die sämbtlichen Tachfenster mit schieffersteinen nöthiger Dingen gedeckt werden müssen». Ausserdem hatte Verschaffelt «noch weithers aufgetragen, die Mauer von der Werkstatt biss an dass lazareth, die waschkammer, die untere Zimmer mit grund ausszufüllen, die Zimmer dess 3. stock zu wickeln, zu rohren und zu verputzen, vor welche extra arbeith gedachter Maurermeister Höltzel 163 fl. 52 xr noch fordern thut, jedoch könnte sothane extra arbeith nach dem moderierten betrag mitt 155 fl 32 xr genugsam bezahlt seyn.» — — — Die Aenderung im Plan hatte aber seiner Zeit des Hofbaumeisters Raballiati Prüfung und Gutheissung gefunden, so dass Verschaffelt darnach hat arbeiten lassen, «meynende ihro churfürstliche Durchlaucht würden gnädigst geruhen, es zu bezahlen». — Thatsächlich hat sich Verschaffelt in der Annahme, sein Herr werde für die kleine Ueberschreitung (155 fl. für den Maurermeister Höltzel und 86 fl. für den Schieferdecker Leynen) aufkommen, nicht getäuscht. Auf Weisung des Churfürsten hat die Hofkammer diesen Restbetrag unterm 27. IV. 59 ausbezahlen lassen. Der ganze Bau war also auf rund 7380$^1/_2$ fl. zu stehen gekommen und ist im Spät-

jahr 1758 fertig gestellt gewesen. Der Unterricht sollte im
Oktober beginnen. Allein Missverständnisse zwischen der Hofkammer, der Materialverwaltung und Verschaffelt haben den
ungehinderten Beginn der Akademie unmöglich gemacht. Verschaffelt hatte für die Werktagsabende, an denen Unterricht
sein sollte, täglich ein Mass Baumöl zur Speisung der brennen-
den Lampen angefordert. Die Bewilligung des Beleuchtungs-
öles war von seiten der Kammer zwar schon am 18. Oktober
58 ausgesprochen worden ; Verschaffelt erhielt aber nur 8 Mass
Baumöl und 8 Mass Leinöl, welches er «vor die Modellen ab-
zuformieren vonnöten hat». Am 31. Oktober erhält auch die
Materialverwaltung die Weisung, für 6 Monate täglich 1 Mass
Baumöl abzugeben. Der papierne Weg war aber so lange, dass
Ende November sich mehrere auswärtige Schüler, unter denen
sich J. Ch. Mannlich, der Stipendiat des Herzogs Christian IV.
von Pfalz-Zweibrücken und nachmalige Generaldirektor sämtlicher bayrischer Galerien befand, an den Protektor der Akademie,
den Grafen von Nesselrode beschwerdeführend wenden, indem
sie anführen :

«Euer Excellentz wird zweifelsohne gnädigst bekannt seyn,
welcher gestalten Ihro Churfürstlichen Durchlaucht die hohe
Gnade gehabt haben, eine Zeichen-Academie gnädigst zu
fundiren, gleichwie nun die hohe Wohl. Meynung Ihrer Churfürstlichen Durchlaucht daher zielet, dass die Anfänger sowohl,
als andere sich in derselben desto mehr üben, und cum indus-
triam ad perfectionem gelangen mögen ; gleichwie solches
ohnmöglich ist, wann dieselbe nicht fortgesezt wird, da dieselbe schon zu anfang des October presentis anni hätte sollen
eröffnet werden, oft nun einer von denen Academicis (von
welchen schon viele Fremde wiederum nach Hausse gereist,
die wenige aber so sich noch hie befinden, auch wiederum
abreysen werden) Dieselbe frequent. wollen, so oft ware dieselbe verschlossen, und unsere Nachfragen wurde uns von
Mrs. Verschaffelt als gnädigst ernennten Director derselben zu
Wort gegeben dass kein Oehl vorhanden wäre dieses selbe
ohnmöglich könne fortgesetzt werden. Da wir nun kein anderes
Refugium wissen, als zu Euer Excellentz gnädigster Protek-
tion, Als gelanget an Euer Excellentz unsere unterthänigste

bitte, dass höchstdieselben gnädigst geruhen mögten, um die allenfalls obschwebende Hindernissen aus dem Weg zu räumen, damit wir die von Ihro Churfürstl. Durchlaucht concedirte höchste Gnad vollkommener geniesen könnten. Wir vertrösten uns gnädigster Willfahrung etc. etc.»

So tritt also erst am Ende des Jahres die Akademie in Thätigkeit.

Im Februar 59 werden die Materialrechnungen geprüft, und es stellt sich heraus, dass Verschaffelt ausser dem verlangten Holz, Oel und Licht für die Werkstatt und die Akademie auch noch Collophonium von dem italienischen Handelsmann Cetti bezogen habe, was ihm die Verwarnung zuzieht, dass zwar diesmal die Rechnung noch passieren solle; aber künftighin habe er «sich an die Verordnungen zu halten oder zu gewärtigen, dass die darüber verbrauchten Waren ihm zu Last gelassen werden.» —

Die folgenden Jahre scheinen ziemlich unbewegt vorübergegangen zu sein. Verschaffelt geniesst die Gunst seines fürstlichen Herrn und seine Arbeiten nehmen ihn sehr stark in Anspruch. Aus Düsseldorf waren die schönen und kostbaren «Antiken samt denen Formen» nach Mannheim gebracht worden. Sowohl für den Hof, als für den Lustgarten in Schwetzingen, als auch für die Akademie in Düsseldorf und Mannheim waren Abgüsse notwendig. Der um die Stelle als Gipsformator nachsuchende Bürger Carl Zeller, der «nicht nur eine geübte Wissenschaft in gibss zu formiren, sondern auch Messing und pley zu giessen[4]» besitzt, wird mit 100 fl. Gehalt als Gipsformator angenommen und der alleinigen Direktion von Verschaffelt unterstellt. Damit fällt Verschaffelt auch die Aufsicht über die Skulpturensammlung zu, die bisher den Kabinettsdirektoren Brinckmann und Goes zugeteilt gewesen war.[5]

Verschaffelt hatte für zwei Brustbilder in Marmor, den Kurfürsten und die Kurfürstin darstellend, (wahrscheinlich für die Bibliothek bestimmt) 2200 fl. empfangen und sich die Zufriedenheit seines fürstlichen Auftraggebers in so hohem Mass errungen, dass er zu «mehrerer Aufmunterung und Anfrischung und in Ansehung des von demselben bishero bezeigten

treu gehorsambsten Dienst Eyfers und dabey bewährter Geschicklichkeit in Verfertigung zerschiedlicher Kunststücker»
eine jährliche Zulage von 200 fl. aus der heimgefallenen Frei-
frau von Obertraut'schen Pension erhält: damit hatte der Kurfürst seine Zufriedenheit mit den Verschaffelt'schen Arbeiten
für die Jesuitenkirche und Schwetzingen öffentlich ausgedrückt.
Wie sehr sich Verschaffelt der uneingeschränkten Gunst seines
Fürsten zu erfreuen hatte, erhellt daraus, dass er bald nach
dieser ersten Gehaltszulage eine weitere von 400 fl. als eine
besondere Zulage erhält.[6]

Mit der Einrichtung einer Akademie, in der Kunstbe-
flissene eine höhere Ausbildung im Zeichnen nach dem Modell
und der Natur erhalten konnten, stellte sich naturgemäss auch
das Bedürfnis heraus, für die Zöglinge geeignete Vorlagen zu
haben. Solche waren bislang zerstreut in der Stadt vorhanden.
Ein Teil der Statuen und Formen, die angeschafft oder von
Düsseldorf herauf gebracht worden waren, stand im Saal der
Opernmaler und diente dort als Vorlage für die Figuralmaler
zu den mythologischen Szenen der deutschen und französischen
Schauspiele, der Oper und des Ballets. Ein anderer Teil war
sonst in der Stadt untergebracht; sie alle sollten nun gesammelt
und zugänglich gemacht werden. Der Kurfürst ordnete deshalb
an (Sept. 66), dass «alle die zu Mannheim in dem Saal der
Opernmahlern stehenden Statuen und Formen nebst jenen,
welche davon in der Stadt befindlich seynd, in die ober der
Hofküche allda leerstehende drey Zimmer überbracht und aufgestellt und darüber ein ordentliches Inventarium verfertigt
und ins künftige nichts davon ausser der kurfürstlichen Residenz zu verbringen gestattet, sondern denen danach studieren
wollenden Mahlern und Bildhauern solches in besagten Zimmern
erlaubet und zu solchem Ende einige Tage in der Woche bestimmt werden sollen.»[7] — Die Verwahrung und Besorgung
hatte der bei Direktor Verschaffelt in Diensten stehende Formator Zeller gegen eine jährliche Zulage von 40 fl. zu übernehmen und der Umzug sollte unter Beiziehuug Verschaffelts
mit Vermeidung der unnötigen Kosten geschehen.

Man wird nicht fehlgehen, wenn man Verschaffelt auch
hier als die treibende Kraft sucht, damit die wertvolle Skulp-

turensammlung seiner Oberaufsicht untergeben sein soll. Deren Zusammentragen in der kurfürstlichen Residenz konnte deshalb den ehrgeizigen und machtdurstigen Künstler nicht befriedigen. Sein Streben ruhte nicht, und schon im folgenden Sommer erlässt der Kurfürst von Schwetzingen aus die Anordnung, «all und jede in dero Schloss zu Mannheim und Düsseldorf hien und wieder verstreut aufbehaltene alte Statuen, Figuren und Modellen von Gibss zu derselben bessere conservirung sowohl, als besonders zum Gebrauch deren Mahlern und Bildhauer fürnehmlich aber zum studiren der in der Akademie der zeichnungs-Kunst zu bes. Mannheim sich übender Lehrjugend in einem besonderen Gebäu zusammentragen und wohlverwahren zu lassen; darüber soll dem ersten Bildhauer und Akademie-Direktor Verschaffelt die Oberaufsicht übertragen werden. Er soll sie nach Gutfinden in schicklicher Ordnung aufstellen, Einrichtung treffen, dass sie bestens erhalten und auch das Erforderliche repariert werde.»[8] Für diese «absonderliche» Verrichtung und ebenso aus «besonderer Gnadenbewegnis» erhält Verschaffelt «Fourage auf zwey Pferde», bestehend in Hafer, Heu und Stroh.

Damit war Verschaffelt seinem Ziel wieder um einen Schritt näher gerückt. Die gesammelten Kunstwerke waren den Kameralinteressen entrückt, ihm unterstellt und die namhafte Gehaltserhöhung hatte durch die Art und den Wortlaut der Zuerteilung ihn und seine Stellung in der Beamtenhierarchie des Fürsten um ein Wesentliches freier und bedeutender gemacht.

Die Arbeiten, die ihn jetzt in Anspruch nahmen, waren vorzugsweise die Werke für den Schwetzinger Garten. (Den Modellierthon dazu bezieht Verschaffelt aus Hilsbach per Schiff.) Ausserdem galt es, die Abformung der gesammelten Formen zu betreiben und die Abgüsse ordnungsgemäss aufzustellen. — Da Verschaffelt von den Zimmerleuten die gewünschten drehbaren Stühle nicht rasch genug und nach Vereinbarung erhalten kann, so werden sie durch zwei von ihm dafür besonders verlangte Zimmergesellen unter seiner Aufsicht und Anleitung angefertigt. [9] Die Antikensammlung und ihre Goethe so sehr entzückende Aufstellung sind also Verschaffelts eigenstes Werk.

Goethe schreibt darüber in Dichtung und Wahrheit 11. Buch.
«In Mannheim angelangt, eilte ich mit grösster Begierde, den
Antikensaal zu sehen, von dem man viel Rühmens machte.
Schon in Leipzig, bei Gelegenheit der Winckelmann'schen und
Lessing'schen Schriften, hatte ich viel von diesen bedeutenden
Kunstwerken reden hören, desto weniger aber gesehen. . . . —
Direktor Verschaffeldts Empfang war freundlich. Zu dem Saale
führte mich einer seiner Gesellen, der, nachdem er mir aufge-
schlossen, mich meinen Neigungen und Betrachtungen überliess.
Hier stand ich nun, den wundersamsten Eindrücken ausgesetzt,
in einem geräumigen, viereckten, bei ausserordentlicher Höhe
fast kubischen Saal, in einem durch Fenster unter dem Gesims
von oben wohl erleuchteten Raum: die herrlichsten Statuen
des Altertums nicht allein an den Wänden gereiht, sondern
auch innerhalb der ganzen Fläche durch einander aufgestellt;
ein Wald von Statuen, durch den man sich durchwinden, eine
grosse ideale Volksgesellschaft, zwischen der man sich durch-
drängen musste. Alle diese herrlichen Gebilde konnten durch
Auf- und Zuziehen der Vorhänge in das vorteilhafteste Licht
gestellt werden; überdies waren sie auf ihren Postamenten
beweglich und nach Belieben zu wenden und zu drehen.
Nachdem ich die erste Wirkung dieser unwiderstehlichen
Masse eine Zeitlang geduldet hatte, wendete ich mich zu den
Gestalten, die mich am meisten anzogen; und wer kann leugnen,
dass Apoll von Belvedere durch seine mässige Kolossalgrösse,
den schlanken Bau, die freie Bewegung, den siegenden Blick
auch über unsre Empfindung vor allen andern den Sieg davon
trage? Sodann wendete ich mich zu Laokoon, den ich hier
zuerst mit seinen Söhnen in Verbindung sah. Ich vergegen-
wärtigte mir so gut als möglich das, was über ihn verhandelt
und gestritten worden war und suchte mir einen eigenen Ge-
sichtspunkt; allein ich ward bald da-, bald dorthin gezogen.
Der sterbende Fechter hielt mich lange fest, besonders aber
hatte ich der Gruppe von Kastor und Pollux, diesen kostbaren,
obgleich problematischen Resten, die seligsten Augenblicke zu
danken. Ich wusste noch nicht, wie unmöglich es sei, sich
von einem geniessenden Anschauen sogleich Rechenschaft zu
geben. Ich zwang mich zu reflektieren, und so wenig es mir

gelingen wollte, zu irgend einer Art von Klarheit zu gelangen, so fühlte ich doch, dass jedes Einzelne dieser grossen versammelten Masse fasslich, ein jeder Gegenstand natürlich und in sich selbst bedeutend sei.

Auf Laokoon jedoch war meine grösste Aufmerksamkeit gerichtet. . . .

Nach eifriger Betrachtung so vieler erhabener plastischen Werke sollte es mir auch an einem Vorschmack antiker Architektur nicht fehlen. Ich fand den Abguss eines Kapitäls der Rotonde, und ich leugne nicht, dass beim Anblick jener so ungeheuren als eleganten Akantblätter mein Glaube an die nordische Baukunst etwas zu wanken anfing.» — — —

In der Akademie ist bis 1769 Verschaffelt allein Lehrer. Allzuviel wird er sich um die Zöglinge nicht gekümmert haben, denn die eigene Arbeit hat ihn andauernd in Anspruch genommen. Im wesentlichen waren die Kunstjünger sich selbst überlassen. Sie durften im Antikensaal zeichnen, hatten auch wohl ab und zu eine Korrektur oder Anweisung zu gewärtigen und wurden wahrscheinlich auch zu Hilfeleistungen bei den Verschaffelt'schen Arbeiten herangezogen. J. Ch. Mannlich schreibt in seinen Memoiren [10] davon:

«Nachdem Herr Schmaltz (Hofbankier Karl Theodors) uns (den jungen 16 jährigen Mannlich und den etwa 26 jährigen Chr. Koch) vorgestellt hatte, zog er sich zurück und überliess uns seinen Händen. Er führte uns in ein sehr trübes (triste) Zimmer, in welchem wir drei andre Studenten, die älter als wir waren, beschäftigt fanden, nach Gipsabgüssen zu zeichnen. Sie waren Stipendiaten des Fürsten, wie ich und Herr Koch. Der eine von ihnen, Bouillot, der Sohn des Befehlsschreibers Karl Theodors, dient noch heute in der Eigenschaft als Inspektor der königl. Galerie von München unter mir. Mit ihnen verbrachte ich mehrere Jahre, ohne einen andern Unterricht als den zu erhalten, den die Uebung gibt, und wenn ich von meinem Vater in den kurzen und seltenen Unterweisungen, die er mir gab, nicht eine richtigere und genauere Vorstellung von den Künsten erhalten hätte, würde ich noch länger zugebracht haben, ohne etwas von ihren Feinheiten und Kenntnissen zu wissen, die ihnen als Grundlage dienen.»

Ausser diesem mangel- und lückenhaften Unterricht Verschaffelts blieb der Kunstjüngling auf sich angewiesen und auf
den Umgang mit Personen, die ein Verhältnis zur Kunst und
Interesse für die jungen Studierenden hatten. Solche Gelegen-
heiten waren wohl vorhanden, und Mannlich, der Protestant, berichtet in seinen Memoiren, dass er durch den Abbé Maillot,
den Bibliothekar des Kurfürsten, an der Hand des Buches
«Réflexions sur la peinture et la poésie par l'Abbé du Bosse»
in die tiefern Gründe der Malerei eingeführt worden sei. Auch
Gelegenheit zu anatomischen Studien war den sich dafür in-
teressierenden Kunstjüngern geboten — allerdings ausserhalb
der Akademie und nur gelegentlich. Mit wahrhaft schauderer-
regender dramatischer Lebendigkeit und Anschaulichkeit erzählt
Mannlich in seinen Memoiren, wie eines Tages Clossmann,
Chirurg (démonstrateur) an der Anatomie in Mannheim, ihm
einen Cursus in Anatomie gegeben habe. Der Perrückenmacher,
der Mannlich bediente, hatte eine Tochter, die von ihrem Liebhaber verlassen worden war. Aus Verzweiflung darüber hatte
sie ihr neugeborenes Kind getötet und war dafür nach den
strengen Gesetzen, die Karl Theodor erlassen hatte, zum Tode
verurteilt und enthauptet worden. Der noch blutende Rumpf
wurde nun als Demonstrationsobjekt benutzt. [11] Diese, wie
eine andere Gelegenheit, bei welcher Mannlich durch Closs-
manns Vermittlung die Zerstörung der menschlichen Gestalt
an geschlechtskranken Frauen kennen lernt, sind mehr in mo-
ralischer als künstlerischer Absicht gegeben worden, sollten
auch so wirken und haben ihre Wirkung in dem beabsichtig-
ten Sinne, wie Mannlich selbst gesteht, auch gethan. —.
Die zunehmende Arbeit, die Verschaffelt sich zu verschaffen
wusste, die künstlerischen Pläne, die in ihm reiften, die Unlust,
sich mit noch unfertigen Künstlern und Kunstbeflissenen abzugeben, haben Verschaffelt wohl dazu gedrängt, der Akademie
und ihrer Einrichtung eine andere Form zu geben, eine Form,
die ihm den ganzen Einfluss auf das künstlerische Leben und
die künstlerische Entwicklung Mannheims sicherte, ohne ihn
auch nur einer einzigen der ihm gemässen und von ihm so
sehr begehrten Machtvollkommenheiten zu berauben. Im Anfang des Jahres 69 entwirft Verschaffelt die Grundzüge der

Verfassung einer öffentlichen Akademie und unterbreitet dieses
«Projet» dem Kurfürsten. Verschaffelt mag damit den Absichten Karl Theodors entgegengekommen sein, denn am kurpfälzischen Hof fehlte noch eine statutenmässige Einrichtung und
eine Körperschaft zur Heranbildung von Künstlern. Verschaffelt hatte zwar seither wohl Zeichenschüler gehabt und
sie nach Gips und dem einen Modell zeichnen lassen. Allein
eine regelrechte Schulung, ein allmähliches Einführen in die
Gesetze und die Technik der Zeichnung, Malerei und Bildhauerei bestand an der «kleinen (privaten) Akademie» Verschaffelts nicht. — Eine Durchsicht der Ausgaben mochten
Karl Theodor wohl auch zu einer Einschränkung derselben
veranlassen. Zur grössern Ersparnis wurden die Theatermaler
jetzt nur mit Wartgeld angestellt und hatten dafür die Thea-
tralarbeiten unentgeldlich zu «prästiren». Das Theaterwesen
wird dem Hofmusikstaab, das Maler- und Bildhauerpersonal
der Akademie dem Oberhofmeisterstaab unterstellt.

Mit Eifer wird die von Verschaffelt vorgeschlagene Einrichtung beraten und die seiner Naturanlage gemässen Härten
darin werden gemildert. Im wesentlichen ist der Verschaffelt'-
sche Vorschlag sehr aufs Praktische gerichtet und gibt die
jungen Zöglinge eigentlich nur in die Gewalt des Direktors.
Besonders bemerkenswert ist die Verschaffelt'sche Forderung,
wonach weder Landschaftsmaler, noch Architektur-, Miniatur-
oder Ornamentenmaler zu akademischen Lehrern genommen
werden sollen.* Verschaffelt motiviert diese Einschränkung : Er
fürchtet, dass, wenn z. B. ein Landschafter, der im Figürlichen
nicht stark genug (au fait) ist, das Modell stellen und die
Zöglinge korrigieren wolle, er in die Lage kommen könnte,
von den jungen Zeichnern beurteilt zu werden, so dass sie den
Respekt vor ihm verlieren könnten, der einem Professor ziemt.
Im Wesentlichen nimmt das Projekt fast ausschliesslich Bedacht
auf die Ausbildung von Bildhauern.

---

* «Auf gnädigsten Befehl» entworfene «unvorgreifliche Gedanken» vom
Cabinettsportraitmaler C. H. Brandt standen nicht zur Beratung. Sie
weichen in manchem vom Verschaffelt'schen «Projet» ab. Näheres darüber
bei Brandt's Leben und Werk.

Das «Projet»[12] lautet wörtlich:

## Projet

D'un Etablissement stable et solide sujet de l'academie de Dessein dans la ville de Mannheim, sous les auspices et la protection de S. A. S[me] Electorale Palatine.

Il faudra que les jeunes gens qui voudront frecanter L'academie sachent les premieres principes du Dessein, c'est à dire qu'ils soyent en etât de commencer a dessiner après la Bosse, sans cela ils ne seront point admis a l'Academie ni dans la Salle des Antiques.

Pour que l'Academie soit permanente et qu'elle puisse se continuer sans interruption, afin que les jeunes gens ne perdent point leur tems, il est absolument necessaire d'avoir deux Modèles, n'en ayant qu'un, il peut tomber malade, et dans ce cas L'academie resteroit dans l'inaction: il est necessaire que l'on pose de tems en tems des Groupes pour aprendre aux Elèves a grouper deux figures ensemble, qui sert beaucoup a la Composition, en outre il est bon de voire les diferentes Natures, pour distinguer les caractaires que l'on est obligé d'employer dans une composition. Il resultra d'avoir deux Modeles une schose tres utile au besoin de L'academie; ce lui qui ne posera point fera L'appelle des Elèves le jour que l'on mettera une nouvelle atitude: et aura soin de mentenir le silence le tems que l'on dessinera.

Pour mettre l'academie sur un pied solide, il seroit necessaire, outre le Directeur de nommer des Professeurs pour poser le Modèle, et corriger les Elèves, ces Professeurs seront choisis parmi les gens de mérite qui se trouveront dans la Ville tent peintres, que sculpteurs, il faudroit cependent excepter les peintres de pasyage, d'architecture, miniature et ornements, demême les sculpteurs, car si un paysagiste qui n'est pas aufait de la figure, vouloit poser le modele et corriger les Eleves, il se trouveroit dans le cas d'être censuré par les jeunes Dessinateurs, qui lui perderont le respect qui est du a un Professeur.

Tous ceux qui voudront être reçus academicien seront obligé de donner chacun un morceau de leur ouvrages c'est a

dire les Peintres un Tableau, et les sculpteurs un modele que
l'on conservera dans la Salle des Antiques ou dans une autre
place destinée a un tel usage.

On commencera a dessigner a l'academie après la Nature
vers le 15 d'octobre et on finira a la moitié d'avril ce qui fera
6 mois de l'année. La premiere semaine on destinera pour les
places et a la fin de l'hiver pour les Prix que S. A. S$^{me}$
Electorale voudera bien accorder pour encourager la jeunesses.
mais celui qui aura remporté le premier Prix ne pourra plus
concourir pour les autres.

La salle des Antiques sera ouverte aussitot qu'elle sera
practicable à l'égard du froid.

Si les jeunes dessinateurs faisoient quelque impertinences,
ou perdoient le respect que est dû aux Professeurs, ils seront
punis par un bannissement de trois mois, de six mois, d'une
année, et même pour toujours selon la faute qu'ils auront
commise; Et si par imprudence ou par mechanceté ils venoient
à casser ou a mutiler quelques figures ou têtes antiques, ils
seront obligés de les payer, ou a subir telles peines corporelles
qu'on jugera a propos de leurs impliques.

Aus den Beratungen, denen das «Projet» zu Grunde gelegt
gewesen war, entwickelt sich das nachfolgende Statut vom
2. V. 69:

Wir Carl Theodor von Gottes Gnaden Pfalzgraf bey Rhein
(tit: tit:)

Nachdem Wir gnädigst gut gefunden haben, um der vor
einigen Jahren bereits zu Mannheim errichteten Zeichnungs-
Akademie die behörende Gestalt und Dauer zu geben, dieselbe
mit folgender Einrichtung zu Versehen: Dass nehmlichen

Erstens gedachte Zeichnungs-Academie aus einem Protek-
torn, Directorn, dann aus denen Professoren und den academischen ordentlichen Mitgliedern bestehen, welche

zweytens alle monathe sich einmahl Versammlen, und was
zu der Academie bestem nöthig oder dienlich ist berathschlagen,
und beschliessen sollen ; wobey

drittens einer der Professoren das Tagbuch zu führen,
das Inventarium deren zu der Academie gehörigen Kunstsachen
ordentlich zu halten, die aufnehmende Lehrling einzuschreiben ;

und dieses alles ohnentgeldtlich gegen das beziehende gehalt, zu verrichten hat. Zu Lehrlingen sollen

Viertens von der Academie allein solche aufgenommen werden, welche ein gutes Talent, und bereits die erste grundsätze der zeichen Kunst inne haben;

Fünftens: wer ein ordentliches academisches Mitglied werden will, solle ein stück von seiner arbeit der Academie zueignen, welche hernächst dieselbe in den zu Versammlung der Academie bestimmten Zimmern aufbehalten, wobey

Sechstens die aufnahme besg. Academie überlassen seyn, und von solcher nach mehrheit der stimmen beschlossen, oder verworfen werden solle.

Siebendens behalten Wir uns die Ernennung des Protectorn, und Directorn sowie die Bestättigung der von der Academie erwählend und in Vorschlag bringender Professoren gnädigst bevor. Das Ambt des Directoren ist

Achtens: die aufsicht über die gantze Academie, und damit die Geseze beobachtet werden; sodann der Vortrag bey denen Academischen zusammen Künften, die Sammlung der Stimmen und der Beschluss nach solchen; das Ambt der Professoren aber bestehet

Neuntens nebst jenem, was oben § 3 gemeldet worden, noch besonders darinnen, dass sie in dem Zeichnung Saal die Modelen monathlich wechselweiss aufzustellen, die darnach sowohl, als nach den Statuen arbeitende Lehrlinge, wo nöthig zu corrigiren und solchen den erforderlichen unterricht zu geben haben,

Zehendens sollen jederzeit zwey Modelen gehalten und jedes mit zwantzig gulden monathlich besoldet werden, damit die Zeichnung darnach zu winterszeit ohnausgesezt forthgehen, bissweilen auch alle beyde zugleich aufgestellet werden, anbey verschiedene Caractere vorkommen mögen, wobey

Eilftens das nicht aufgestelte Modele zu Aufrichtung der Lehrlinge auch unter Anweissung des Directors und Professoren auf die stille und Ordnung in der Zeichnungstunden aufzusehen gebraucht werden mag.

Zwölftens wollen Wir das Gehalt des Directors, und Professoren, in wie weith noch nicht bestehen ist mittelst

besonderer anordnungen annoch bestimmen, hingegen werden
die Preisse

Dreyzehendens der erste in einer goldenen Schau Müntze
von zehen Ducaten, der zweyte in nehmlicher Schaumüntze
von Silber und fünf Ducaten, und der dritte in selbiger Müntze
von Kupfer und drey Ducaden bestehen; dann solle

Vierzehendens die Zeichnung nach der Natur jährlich
umb die mitte des Monaths October anfangen, und sich gegen
die mitte des Aprils endigen; wobey in der ersten woche um
die Ordnung im sitzen, und gegen Ende des Winters um die
Preisse von denen academischen Lehrlingen gestritten wird,
dergestalten, dass wann einer den ersten Preiss erhalten hat,
selbiger zu denen übrigen keinen anspruch mehr machen kann.

Damit nun die lehrbegierige auch ausser denen Winter-
stunden in der zeichen Kunst sich üben mögen, des ends sollen

Fünfzehendens der antiken Saal jeden Jahrs, sobald es
die Witterung zulasset, demselben offen stehen. Uebrigens hat
zu erhaltung guter Ordnung

Sechszehendens die Academie hierdurch den gewalt, die
academische Lehrlinge, welche sich gegen ihre Vorgesezte
vergehen, durch Ausweissung auf sichere Zeit, allenfalls auch
nach befund des Vergehens für allezeit zu bestrafen; nicht minder

Siebenzehendens die untergebene, welche eine Figure
beschädigen, oder Verbrechen, zum ersatz anzuhalten oder
sonsten nach gut befinden zu bestrafen. Endlichen und

Achtzehendens wird oft erwähnter Academie die Ermäch-
tigung Kraft dieses auch beygeleget, frembde Mahlere, Bildhauer,
Kupferstecher und dergleichen, welche die Zeichnung Schule
besuchen wollen, in ihren Schutz zu nehmen, dessen sie auch
ohne Ein- und Wiederspruch geniessen sollen, so lang sie
sich übrigens denen Landgesätzen gemäss verhalten und betragen.

als haben zu urkund gegenwärtig mildester Verleyh- und
Ordnung solche Höchsthändig unterschrieben, und unserer ge-
heimer Canzley Insiegel beydrucken lassen.

Schwetzingen, den 2. May 1769.

C. Th.

Stengel.                                    Lgt. Becker.

Zu dem ersten Punkt hatte Verschaffelt beantragt, dass
die Zahl der «Professoren» nicht bestimmt werden, sondern nach
den Künstlern sich regle, die sich finden könnten.

Zum 4. Punkt schlägt Verschaffelt noch vor: «Damit
aber auch alle jungen Leute, welcher zu sothaner Kunst
einige Lust tragen, solche erlernen und dadurch zu andern
Künsten und Professionen umso tauglicher werden mögen, soll
die Anstalt getroffen werden, damit diese die ersten Gründe
besagter Kunst durch einen Professoren beigebracht und zu
solchem End wöchentlich vier Stunden lang öffentliche Lehre
gegeben werden, dergestalt dass jedoch diese Anfänger nicht
unter die akademischen Lehrlinge gerechnet werden sollen.

Zu Punkt 6 bemerkt Verschaffelt, dass er zwei Zimmer
habe, die er zu Abhaltungen der Versammlungen und für die
Ausstellung der Gemälde oder Modelle bestimme, die etwa ein-
geschickt würden, um in die Akademie aufgenommen zu werden.

Zum 10. Punkt gibt Verschaffelt noch zu Protokoll, es
sei vergessen worden zu bemerken, dass es gut wäre, wenn
man rechtzeitig das Gehalt der Modelle festsetze, um Zeit zu
haben, sie zu dingen (arrêter) und vor der Eröffnung der Akademie auszuwählen. Verschaffelt glaubt, dass sie zufrieden
sein könnten, wenn man jedem 20 fl. monatlich zuweise.

Zu Punkt 13 möchte Verschaffelt eine bessere Abstufung
der Geldpreise; er schlägt vor:

1. Preis: goldene Schaumünze und 10 Dukaten,
2. Preis: silberne      »      »   6    »
2. Preis: kupferne      »      »   4    »

was gerade 100 fl. ausmache.

Es hätte ferner der Meinung Verschaffelts entsprochen,
wenn — um der Sache mehr Gewicht zu geben —, die Eröffnung
der Akademie am Tag des hl. Karl (4. November) erfolgen
würde, und wenn man am selben Tag an die jungen Künstler
die Preise verteilt hätte, welche Seine Kurfürstliche Hoheit
für dieses Jahr hatte erhoffen lassen, und dass weiterhin erst
an Ostern die gewöhnliche Preisverteilung vorgenommen würde,
für die Seine Hoheit jedes Jahr zur selben Zeit die Preise ge-
stiftet hätte.

Verschaffelt hat also offenbar die erste Preisverteilung
seiner eigenen Schüler und die Eröffnung der Akademie erst-
mals miteinander feiern wollen. Es lag ihm auch daran,
dass die jungen Akademiker entsprechend einheitlich vorge-
bildet zur Akademie kamen und dass die unfähigen oder unbe-
gabten Elemente den «Professionen» zugewendet werden sollten.
An der vierstündigen «öffentlichen Lehre» durften wohl auch
Handwerker und Gewerbetreibende teilnehmen, die sich weiter
ausbilden wollten. Wir hätten dann in solcher Schulung den
Keim der spätern Industrie- oder Gewerbeschulen zu erkennen.
Ein Unterricht im höhern Sinne, etwa die Gelegenheit, sich
in der Anatomie, in der Perspektive, der Farbenlehre, den
technischen Mitteln und der Geschichte der Kunst u. s. f. aus-
zubilden, bestand nicht. Jeder Zögling war in dieser Hinsicht
auf sein privates Interesse angewiesen.

In der starken Betonung des «Projet», dass die Zöglinge
in der ersten Woche um die Plätze, gegen das Ende des
Winters um die vom Kurfürsten ausgesetzten Preise zeichnen
werden, liegt eine Anlehnung an die jesuitische Erziehungs-
methode, mittels Certierens den Ehrgeiz und damit den Lern-
eifer rege zu halten. Verschaffelt, ganz und nur aus der
künstlerischen Praxis stammend, hat eine eigentlich pädagogi-
sche Vorbildung oder Befähigung zur Leitung der Akademie
nicht besessen. Aber darauf kam es ihm auch nicht an. Wie
§ 1 des Statuts ausdrücklich hervorhebt, besteht die Zeichnungsakademie aus dem Protektor, dem Direktor, den Professoren
und den akademischen ordentlichen Mitgliedern. Von den
Zöglingen ist erst in § 4 die Rede. Die Akademie sollte also
eine Künstlerkörperschaft sein, die, durch eine korporative Verfassung zusammengehalten, zur Förderung der Kunst in den
kurfürstlichen Landen mit kurfürstlichem Schutz ihres Amtes
waltete. Lehrhafte Zwecke kamen in zweiter Linie. Und hier
bleibt als erste Forderung immer bestehen, dass nur die wahrhaft Befähigten und Strebsamen der Ehre, akademische Mitglieder zu sein, teilhaft werden.

Es ist hier der Ort, einen Blick auf die Einrichtungen
anderer Akademien zu werfen und sie mit der Mannheimer
zu vergleichen.

Obgleich keinerlei urkundliches Material dafür aufzufinden ist, wäre ein Zusammenhang oder gar eine Abhängigkeit in der Entstehung mit der Berliner Akademie nicht unmöglich. Die kurpfälzischen Lande standen in einiger politischer Beziehung zu Preussen. Denn Preussens Könige waren die Protektoren der lutherisch-reformierten Kirche der Pfalz und liessen deren Gerechtsame auf diplomatischem Wege und durch Gesandtschaften schützen. [13]

Es ist bemerkenswert, dass die Gründung der Berliner Akademie 1696 unter ähnlichen Verhältnissen erfolgt war wie in Mannheim 1769. Ihr Direktor, der geniale Schlüter, war wie Verschaffelt Bildhauer und ragte als Schaffender weit über die andern Mitglieder der Akademie hervor. Auch er bedeutete als Lehrer wenig für die Akademie, als produktiver Künstler aber fast alles, insofern keiner der mit ihm gleichzeitigen Künstler für die Kunst Wertvolles leistete. Auch darin ähnelt Verschaffelt Schlüter, dass er seine Amtsgenossen und Schüler als Gehilfen seinen Zwecken dienstbar machte.

In einem aber stand Mannheims öffentliche Zeichnungsakademie weit über der Berliner: Sie war von Anfang an eine Zeichnungs- und Modellierschule und so reichlich ausgestattet, dass der Unterricht sogar nach dem lebenden Modell gegeben werden konnte.

Düsseldorf, welches im Jahr 1767 durch Karl Theodor unter Leitung des Galeriedirektors Krahe eine Akademie erhalten hatte, erfreute sich der Gunst des Kurfürsten nicht minder, wie des Wohlwollens der jülisch-bergischen Landstände, Gemeinden und Privatpersonen in ausserordentlichem Masse. Ihre Einrichtung war ähnlich der Mannheimer; aber nicht ein einziger von den Künstlern, die aus ihr hervorgingen, wird heute noch genannt. [14]

Hatte die Mannheimer Zeichnungsakademie auch nur wenige Schüler und nur einen verhältnismässig kurzen Bestand, so gehören unter ihre Schüler doch eine Anzahl von Künstlern, deren Schaffen auch heute noch in hohen Ehren steht. Auf Max Verschaffelt, L. Ohmacht, J. C. Mannlich, die Familie Kobell u. a. sei hier hingewiesen. Es sind Künstler, die die Brücke vom Rokoko und dem Klassizismus zur Romantik haben

schlagen und damit der Kunst wieder den einzigen Nährboden
haben gewinnen helfen, auf dem sie gedeihen kann: den
Boden der Natur.

Aber auch das Kunsthandwerk, der Kupferstich, die
Kunsttischlerei, die Instrumentenbaukunst, die Tapetenwirkerei,
die Porzellanplastik, die Medaillenkunst und anderes, das zur
Zeit der Blüte der Akademie in Mannheim ebenfalls einen
Höhepunkt seiner Entwicklung hatte, genoss die Vorteile eines
regen Kunstlebens und erhielt von der Akademie her seine
Beeinflussungen.[15]

Erst Friedrich der Grosse hat 1786 durch die Reorgani-
sationsbestimmungen der Berliner Akademie das gegeben, dessen
die Mannheimer Zeichnungsakademie von dem Tage ihres Bestehens sich rühmen konnte: dass sie eine grosse allgemeine
Schule für Zeichnen und Modellieren war, und dass sie dem
Kunsthandwerk ebenso zustatten kam, wie der hohen Kunst. —

Die Akademie hat also im Winter 1769/70 zum ersten
Mal die «behörende» Verfassung gehabt. Sie beginnt erst in
diesem Jahr ihre öffentliche Thätigkeit. Als erster Protektor
war Verschaffelts Gönner, Graf von Nesselrode, ernannt
worden.[16] Als die ersten Lehrer (Professoren) meldet Verschaffelt den Kabinettsportraitmaler C. H. Brandt, den Kabinetts-
historienmaler Leydensdorff und den Kabinettsdirektor J. Ph.
von Schlichten, «weilen wir selbige derer academischen Wissenschaften, welche sie durch mehrjährige Uebung erworben wohl
würdig befunden zu der Stelle derer professoren, beynebst
auch Erstern den t. Brand zum ständigen Sekretaire in anbe-
tracht dessen besonders zu dieser stell bewährten Fähigkeit
erwählet und sämmtlich diese professores bereits zu den vor-
geschriebenen Dienstfunktionen behörend angewiessen.»

Die beiden Modelle der Akademie sind der bereits seit
1757 als Modell benutzte Joseph Unser, ein mit freiem Abschied entlassener Soldat aus dem nassauischen Regiment,
und Jak. Drexler, ein Schlosser. Der Unterricht besteht jetzt
darin, dass die vier Professoren abwechslungsweise die Modelle
stellen und wohl auch Korrekturen bei den Schülern vor-
nehmen. Die Dienste der Professoren als akademische Lehrer
waren unentgeltlich. Ihre Bezüge als Hofmaler wurden als

Besoldung angesehen. Nur Brandt bezog in Ansehung der dienstlichen Geschäfte, die er nachts verrichten musste, 6 Wagen Buchenholz, 1 Zentner Unschlittlichter und die Schreibmaterialien. Nach den zahlreich vorhandenen (im Heidelberger Stadtarchiv aufbewahrten, durch die von Graimberg'sche Sammlung dorthin gekommenen) Handzeichnungen Leydensdorffs nach dem lebenden Modell gezeichneten Akten und Studien ist anzunehmen, dass Leydensdorff auch selbst gezeichnet und somit den Schülern ein Beispiel gegeben hat, wie ein Akt aufzufassen und in Kohlen oder Rötel auszuführen ist.

Diese Annahme würde auch in Leydensdorffs ängstlicher Gewissenhaftigkeit in der Erfüllung seiner Pflichten genügend begründet sein.

Auch Verschaffelt hat zweifellos das, was er mit seinen Zöglingen besprach, methodisch und praktisch gewissenhaft vorbereitet. Er, der Ungelehrte, hat sich gewisse künstlerische und historische Einsichten und Entwicklungsgänge durch eifriges Studium klar gemacht. Eine Reihe von sorgfältig gezeichneten Vorlagentafeln, die er vielleicht bei einem Kursus in Architektur benutzt hat, geben darüber Aufschluss. Die Massverhältnisse des dorischen, jonischen und korinthischen Kapitäls, ihre konstruktive Lösung, auch schwierige perspektivische Probleme sind aufs genaueste zeichnerisch gegeben, und gewisse Fehler in älteren Konstruktionssammlungen werden auf seinen Tafeln ausdrücklich und kritisch bezeichnet.

Ph. von Schlichtens Thätigkeit scheint sich vornehmlich auf die vorgeschrittenen Zöglinge erstreckt zu haben. In einem Schriftstück an den Kurfürsten weist er darauf hin, dass er die Schüler beim Kopieren in der Galerie zu beaufsichtigen habe.

Im ersten Jahrzehnt ihres Bestehens oder wenigstens so lange als Karl Theodor noch in Mannheim residierte, hat die Akademie ohne allzu tief eingreifende Hemmungen ihres Amtes walten können. Die Bezüge an Naturalien waren durch kurfürstliche Erlasse geregelt ; entstanden Schwierigkeiten zwischen den Anforderungen Verschaffelts und dem Materialverwalter, so wurden diese von der Hofkammer meist kurzerhand zu Gunsten Verschaffelts erledigt. Man mochte wohl die Gunst, die Verschaffelt beim Kurfürsten genoss, als den gewichtigsten Grund zum Entgegenkommen anerkennen. Denn Verschaffelt war nicht der Mann, der sich vor den Beamten fürchtete. Er hat es sogar gewagt, den allmächtigen Minister, Grafen von Goltstein, zu brüskieren. Verschaffelt arbeitete anfangs der siebziger Jahre an dem Modell zur Bronzestatue Karls von Lothringen, die in Mannheim gegossen und am Bestimmungsort errichtet wurde.

«Verschaffelt», (so schreibt Stengel in seinen Memoiren [17]), «hatte die Statur des Prinzen Karl von Lothringen in Erz gegossen, die nachher zu Brüssel aufgestellt wurde. Um diese grosse Masse (sie war 9 französische Schuhe hoch) auf das Schiff zu bringen, verlangte er die Flaschenzüge und Seile der ehemaligen Jesuiten- gleich jetzigen Hofkirche. Die Hofkammer fragte deswegen bey dem Minister an, und Goldstein schlug es ab, weil Verschaffelt sich Statur und ihren Transport von den Brabänder theuer genug habe bezahlen lassen, mithin auch auf seine Kosten dafür sorgen müsse. (Verschaffalt erhielt 60.000 fl. und eine Dose mit 20.000 fl.) Verschaffelt, auf die Gunst des Kurfürsten stolz und dergleichen Abweisungen ungewohnt, schrieb hierauf dem Minister ein grobes Billet und darin unter anderm den Ausdruck: «On voit bien, Monsieur le Comte, que mon art n'est pas fait pour des luistres.»* (Chevalier du lustre gleich bezahlter Klatscher im Theater). Goldstein liess im ersten Zorn Verschaffelt rufen und wollte ihm auf einem im Vorzimmer bereiteten Gebunde Stroh durch zwei dazu bestellte Korporale 25 Prügel auf den Hintern geben lassen. Ohne die Dazwischenkunft von einigen Freunden Goldsteins und der jungen Gräfin selbst, hätte Verschaffelt ohne Gnade diese Schläge bekommen. So grell dieser Auftritt war, so wurde er dem Kurfürsten doch noch greller hinterbracht und Goldstein war verloren. Der Kurfürst ging nach Wissloch auf die Schnepfenjagd und hinterliess ein Reskript an Goldstein, nach welchem dieser zu seiner Statthalterschaft nach Düsseldorf verwiesen

---

* Statt luistre ist wahrscheinlich zu lesen cuistre gleich Küster, Sakristan, und damit eine derbe Anspielung auf die rüden Umgangsformen Goldsteins, der nur mit Würde zu schnupfen wusste.

und ihm aufgetragen wurde, Mannheim binnen 24 Stunden zu verlassen. Als ich (Stengel) hievon Nachricht bekam, ging ich Abends zu ihm. Ich fand ihn allein mit seiner Tochter, der Hofdame, und der Mann, vor dem noch am Morgen des nehmlichen Tages alles zitterte, weinte wie ein Kind, als er mich, den einzigen, der es noch wagte, die Schwelle des Verbannten zu betretten, und ihm das letzte Wohl zu sagen, herein tretten sahe; Alles, was in solchem Augenblicke Philosophie und Weltkenntniss Aufrichtendes darbieten, ware bey ihm verlohren, er wahre in seinem Gram noch tiefer gesunken, als die verlohrene Fürstengunst ihn hatte fallen lassen. Auch überlebte er seinen Fall nicht lange, sein Verdruss verzehrte ihn, er fing an zu kränkeln und starb wassersüchtig.» —

Verschaffelt hat in dieser ganzen Sache zwar kein Wort des Tadels von Seiten des Kurfürsten zu hören bekommen, aber die Hofkammer hat es sich nicht entgehen lassen, ihn zu ermahnen, «künftighin die geziemende und von Ser$^{mo}$ selbst gnädigst verordnete Courtoisie nicht ausser acht zu lassen, ansonst dergl. ungewöhnliche und unschickliche Schriftstücke schlechterdings remittiert werden sollten.» Dies hat Verschaffelt aber nicht abgehalten, mit grimmigem Humor die durch die neuen Reglements des Grafen von Goltstein geschaffene Lage zu behandeln. Da Verschaffelts Jahr mit dem Beginn der Akademie, also mit dem Oktober seinen Anfang nahm, und er für seine vielen, teils für Benrath, teils für Schwetzingen zu liefernden Arbeiten grosse Mengen Holzes brauchte, sowohl zum Brennen des Gipses, als auch zur Heizung der Akademie und seines Hauses, so kam es vor, dass er schon im Januar mit seinem für den ganzen Winter bestimmten Holzquantum zu Ende war. Auf Grund der von Goltstein'schen Verordnung sollte Verschaffelt kein Holz weiter mehr erhalten. Er wendet sich deshalb an den Protektor der Akademie und schreibt:[18]

«Exzellenz.

Unter den neuen Verordnungen, welche S. Exzellenz der Herr Graf von Goltstein erlassen hat, befindet sich eine, welche dem Holzaufseher verbietet, Holz zu geben, falls man sein Quantum vor dem Ende des Monats Februar verbraucht hat. Ich befinde mich jedes Jahr in dieser Notlage, weil mein Jahr

im Monat Oktober begonnen hat mit dem Augenblick der Eröffnung der Akademie. Vergangenes Jahr stellte ich die
gleiche Bitte an Herrn Baron von Dalvich, den damaligen
Vice-Präsidenten, welcher Befehle erteilte, mir ohne Aufschub
Holz geben zu lassen, um die Gnadenbezeugungen nicht zu
unterbrechen, welche dem Publikum von unserm erlauchten
Herrn erwiesen werden, umso eher, als ich nicht mehr empfange
als das Quantum, welches mir zugesagt worden ist. Ich hoffe,
dass Ihre Exzellenz einen bestimmten Befehl geben werden,
um diese Unzuträglichkeiten jedes Jahr zu vermeiden. Inzwischen habe ich die Ehre . . . 31. Dezember 1776.» —
     Dieser Appell scheint aber nicht wirkungsvoll gewesen zu
sein; jedenfalls fand sich Verschaffelt im Januar 1777 wieder
in derselben Lage. Er hatte zwar vom Grafen Hompesch
die mündliche Versicherung erhalten, dass dieser mit dem
Präsidenten sprechen werde, ob er Brennholz für die Akademie
erhalten könne oder nicht. «Aber,» fährt er in seinem pro
Memoria fort, «da die grossen Geschäfte S. Exzellenz diese
Kleinigkeit in Vergessenheit geraten lassen könnten, wird der
Herr Präsident mir nicht verübeln, wenn ich mir die Freiheit
nehme, ihn davon zu benachrichtigen. Die Neuerungen des
verstorbenen Grafen von Golstein inbetreff des ökonomischen
oder vielmehr komischen Befehles (bezüglich meines Holzes,
denn man giebt mir kein Scheit mehr, ob mein Jahr im
Oktober oder im Februar endet, und mein Jahr beginnt mit
der Akademie im Oktober), machen es mir unmöglich, die
Akademie bis zum Februar ohne Holz weiterzuführen. Glauben
Sie nicht, Herr Baron, dass ich dies sage, um Sie zu belästigen,
sondern es ist Notwendigkeit, dass ich Sie bitte, gefälligst
dem Ueberbringer die Antwort zu geben, ob ich heute Holz
haben kann oder nicht, damit ich solches kaufe, um nicht vor
Kälte umzukommen.» (4. Januar 77).
     Es ist unverkennbar, dass der Ton im Verkehr zwischen
Verschaffelt und der Hofkammer sich Ende der siebziger Jahre
immer mehr zuspitzt. Verschaffelt ist in der Auslegung der
ihm bei seiner Anstellung eingeräumten Vergünstigungen sehr
weitgehend und wälzt jede ihm aus seiner Arbeit oder seinen
Bedürfnissen für Wohnungsunterhalt und Heizung entstehende

Ausgabe auf die Hofkammer ab, ohne sich auch nur im mindesten an die Pflicht der Anzeige von vorzunehmenden Reparaturen etc. gegenüber der Hofkammer zu erinnern. Die Hofkammer ihrerseits besteht auf dem Wortlaut der kurfürstlichen Reskripte. Verschaffelt wendet sich mit energischen Worten an den Kurfürsten, damit dieser ihm die Nutzniessung der Naturalbezüge verschaffe. —

Mit dem Wegzug Karl Theodors von Mannheim nach München erlischt der gute Stern über der Akademie. Sie ist unter der juristischen und kameralistischen Wortklauberei mit ihrer antikünstlerischen Gesinnung einem langsamen Hungertode preisgegeben. Die Zeit der kleinlichen Mittel beginnt und die Armseligkeit, die mit dem Wegzug des Hofes über Mannheim hereinbricht, macht sich zuerst an den Kunstanstalten fühlbar. Wenn Verschaffelt bisher alle Vexationen mit der Kraft seines Temperamentes und mit der Schärfe seines Humors besiegt hatte, so atmen jetzt seine Schriftstücke einen starken verhaltenen Ingrimm. So schreibt er einmal an den Kammerpräsidenten: «Da es mir scheint, dass ich in die neue Verordnung inbegriffen bin, wonach alle diejenigen, welche Häuser, die Seiner kurfürstlichen Hoheit gehören, bewohnen, dieselben auf ihre Kosten unterhalten müssen, so wird der Herr Kammerpräsident Baron von Berglas mir erlauben ihm auseinanderzusetzen, dass mich diese Verordnung nicht betreffen kann, weil meine Wohnung ein Zugeständnis ist, das mir Seine Durchlaucht bewilligt hat, als ich in ihren Dienst trat.

Ich bin keineswegs ein Gesetzeskundiger; aber ich weiss, dass man den Weg der natürlichen und unveränderlichen Grundsätze der Billigkeit anfänglich beschritten hat, wie es diese allgemeinen Wahrheiten sind, niemand unrecht zuzufügen; jedem zu geben, was ihm gehört; aufrichtig in allen Zugeständnissen und treu in allen Verpflichtungen zu sein; und somit bin ich durch diese letzten Grundsätze unmöglich dieser Verordnung unterworfen. Das Haus, welches ich bewohne, ist ein kurfürstliches und öffentliches, wegen des Antikensaales und der Akademie, welches öffentliche Schulen sind; obgleich es nicht an den Palast des Herrschers angebaut ist, muss es doch auf seine Kosten unterhalten werden. Ich bemerke nicht, dass

man den Bibliothekar nötigt, die Bibliothek und das Lesezimmer
zu unterhalten oder den Direktor des Naturalienkabinett; auch
habe ich nie weder gesehen noch gehört, dass die Rechts-
gelehrten für die Universitäten, oder die Konzertmeister für
den Konzertsaal aufzukommen haben ; und selbst, wenn ich
weder die Akademie noch den Antikensaal hätte, darf doch
der Unterhalt des von mir bewohnten Hauses nicht auf mich
zurückfallen, da dies gegen die Zugeständnisse wäre, die mir
Seine Durchlaucht gemacht hat, damit ich in ihren Dienst
trete. Ebenso wird mir alles gewährt, was ich zur Herstellung
meiner Modelle und der Arbeit brauche, welche Seine kurfürstliche Hoheit mir zu bewilligen und zu befehlen geruhen wird,
wie es mir während dreiundzwanzig Jahren ohne Schwierigkeiten geliefert worden ist. Ich kann den Herrn Präsidenten
versichern, dass alle diese Schwierigkeiten keinen Nutzen
bringen ; wir hatten kürzlich einen kleinen Beweis dafür. Vor
ungefähr drei Wochen habe ich einen Zettel abgegeben, um
150 Nägel für die Plinthe des Hermaphroditen zu erhalten,
was ich nicht erlangen konnte. Der Handlanger, welcher den
Former bedient, hat sich während sechs Tagen damit unterhalten, von einem Augenblick zum andern auf die Nägel zu
warten, bis ich ihn am Ende der Woche weggeschickt habe,
um nicht so schlecht angebrachte Ausgaben noch zu steigern:
Diese 150 Nägel können drei bis vier Batzen wert sein,
während Ihre kurfürstliche Hoheit zwei Gulden und sechs
Batzen für den Tagelohn des Handlangers zahlen musste, und
der Former, da er seine Arbeit in so schlechtem Zustand sah,
ist krank geworden ! —

Nachdem ich meine Gründe so gut, als es mir möglich ist,
auseinandergesetzt habe, denn ich bin nichts weniger als ein
Schriftsteller, um die geeigneten Ausdrücke zu · wählen, und
wenn unpassende vorkommen sollten, bitte ich den Herrn
Präsidenten, mich zu entschuldigen, da ich es nicht besser
weiss, und zugleich ersuche ich ergebenst, bestimmte Be fehle
erlassen zu wollen, damit die Hauptthüre des Hauses, das ich
bewohne, ausgebessert werde, auf dass man in Sicherheit leben
könne.»

Le Ch<sup>lier</sup> P. Verschaffelt.

Das war alles zu der Zeit, da Verschaffelt für seine
Leistungen in Oggersheim, Schwetzingen und Benrath sich
der unzweifelhaftesten Gunstbezeugungen seines fürstlichen
Beschützers hatte erfreuen dürfen. Die Werke, die Verschaffelt
an diesen Orten geschaffen hatte, stellen ihn für immer mit
in die Reihe der ersten Künstler des XVIII. Jahrhunderts.
Sein Ruf drang auch nach aussen. Zu derselben Zeit, da er
in das Erbe eines bedeutenden deutschen Baumeisters in Süd-
deutschland eintrat, zur Zeit, als er mit den Plänen für die
Deutschhauskirche in Nürnberg beschäftigt war, da er die
letzten statuarischen Werke für Schwetzingen und die Innen-
dekoration des Palais Bretzenheim schuf und damit namentlich im Treppenhaus ein Musterstück feinster dekorativer
Stukkaturkunst lieferte, wurde ihm der Aufenthalt in Mannheim vergällt. Erbittert schreibt er einmal an den Kurfürsten :

«Seit der Zeit des Grafen von Goltstein zittre ich jedesmal,
wenn ich die Feder in die Hand nehmen muss wegen solcher
Kleinigkeiten, die dennoch unbedingt notwendig und mir zu
leisten sind. Ich nehme mir die Freiheit, Eurer Kurfürstlichen
Hoheit die Abschrift der Eingabe zu Füssen zu legen, welche
ich an den Herrn Finanzkammerpräsidenten gerichtet habe ;
auf seine Anordnung hin wende ich mich ergebenst an Eure
Kurfürstliche Hoheit in der Hoffnung, dass diese kleinlichen
Streitigkeiten endigen werden, da ich überzeugt bin von der
richtigen Beurteilung, welche Ew. Durchlaucht von den Männern
der Kunst haben und von dem, was sie zur Ausführung ihrer
Werke bedürfen, — wenn nicht irgend welche Hindernisse da
sind, die ich nicht erschauen kann und die eine Entscheidung
verhindern. In diesem Fall bitte ich Eure Kurfürstliche
Hoheit ganz ergeben, mir Kommissäre schicken zu wollen,
damit sie die unvollendeten Werke schätzen, denn ich fühle
mich nicht imstande, dieselben nach den Talenten, die mir
die Natur gegeben hat, zu vollenden mit diesen Hindernissen.
Denn es scheint unbegreiflich, wie nach den Zeichen, mit
denen Durchlaucht mich zu beehren geruht haben als Beweis
der Zufriedenheit mit meinen Diensten, sie mir die kleinen
Erleichterungen entziehen möchte, die sie mir so gnädig ge-

währt hat, wie das Futter für zwei Pferde und alles, was in
der beigefügten Eingabe erwähnt ist.

Ich habe die Ehre etc. etc. —»

Dass die andauernden Reibungen der Hofkammer mit der
Akademiedirektion die Stellung Verschaffelts dem untergeordneten Personal gegenüber nicht erleichterten und befestigten,
sondern erschwerten und unerträglich machten, dass der
Respekt der Modelle vor der stets von der Hofkammer bevor-
mundeten Akademiedirektion dahinschwand, ist leicht ver-
ständlich. Die mit kurfürstlichem Patent angestellten, der
unmittelbaren Verwendung des zeitlichen Direktors untergeordneten beiden Modelle fühlen sich in ihrer Stellung zu sicher
und zu wohl, und sie sind menschlich zu wenig gewissenhaft,
als dass sie sich ihrer gesicherten Beamtung in treuer Pflicht-
erfüllung jeden Tag weiter verdient gemacht hätten. Der
Müssiggang während der Sommermonate führt sie auf den
Weg des Lasters und damit der Pflichtwidrigkeiten. Nachdem
Karl Theodor seine Residenz nach München verlegt und Verschaffelt nicht mehr unmittelbar das Ohr seines Fürsten hatte,
bilden vom Herbst 78 an die Beschwerden gegen die Modelle
eine ständige Rubrik in den erhaltenen Akten. Mit der ihm
eigenen Energie sucht Verschaffelt Wandel zu schaffen. Zu
Beginn des Studienjahres 78/79 wendet er sich kurzerhand an
den Grafen Oberndorff. Indem er die Pflichten der Modelle
auf Grund ihrer Anstellungsdekrete dahin präcisiert, dass sie
gehalten seien, zur Zeit der Akademie abwechslungsweise zu
stehen und ausserdem in der Werkstätte an die Hand zu gehen,
fährt er fort: [19] «Gleichwie aber obgenannte Modellen durch
tägliches berauschen zu einem und dem andern geschäfte sich
unfähig machen, und ongeachtet sie dem zeitlichen Directori
subordiniret sind, nicht nur allen Ermahnungen trozen, sondern
so gar mit ausschweifenden grobheiten demselben begegnen;
So sehe mich gezwungen zur Tilgung fernerer Ausschweifungen
sowohl als wiederhohlten unangenehmen Klagen Euer Exzellenz
unterthänig zu bitten, mir als dem Directori durch ein gnäd-
igstes rescript die gewalt zu ertheilen, dass ich bei fortdauernder
schwelgerei das monathliche Gehalt beider Modellen bei kurfürstlicher general-Cassa arretieren, zum besten der academie

verwenden, und dieselbe bei nicht erfolgender Besserung ab-
schaffen und durch zwei andere tüchtige Subjekte ersetzen
Könne. — Auf solche Art wird die anständige Subordination beibehalten und fernere Ausschweifungen gesteuert werden.» —
Oberndorffs Entscheidung geht dahin, dass den Modellen
«vordersambst nachdrucksambste Ermahnung zu Führung eines
bessern Lebenswandels» zu geben und daran die Warnung zu
schliessen sei, dass ihnen, falls keine Besserung eintrete, ihr
Gehalt einbehalten und zum Besten der Akademie verwendet
werde. Für den Fall «dennoch wahrnehmender Fortdauer
derselben Schwelgerei» sei die Drohung auszusprechen, dass
sie «abgeschafft» würden. Verschaffelts Thun entsprach dieser
Weisung; allein der Erfolg war nur gering; denn schon im
März 79 berichtet Verschaffelt, dass «dessen ohngeachtet der
Eine nahmens Jos. Unser noch jmmer in seinem schwelgerischen
Lebenswandel beharrlich fortfahret. Das nicht nur von dessen
Haussherrn und der anstossenden nachbahrschaft wegen gefahr-
voll verübenden Ekcessen, dass fast tägliche beschwerde Ein-
laufen, sondern auch in seiner Dienst obliegenheit als Model
zu stehen nicht mehr brauchbahr ist, da derselbe fast täglich
berauschet, und denen sowohl in heimisch als frembden die
academie besuchenden zeichnern in ihren Studio zum grössten
Hinderniss, der academie aber zum äussersten despect gereichet.
Ich sehe mich dahero gemüssiget, Euer Kurfürstl. Durchlaucht solches wiederholter massen mit dem unterthänigsten
antrag an zuzeigen, wornach gedachter Modell Jos. Unser abgeschafft und andessen statt ein anders welches von der
academie nach vordersambster untersuchung als tauglich wird
Erfunden anzunehmen gnädigst Erlaubet werden möge. Der
jch in tief- Schuldigsten respect beharre u. s. f. —»
Daraufhin wird Unsers Entlassung ausgesprochen. Dagegen
verfasst nun Unser eine sehr bewegliche Einsprache, und nach
dieser Leute Art erhebt er gegen Verschaffelt die kecksten Verdächtigungen in der Annahme, sich dadurch weiss waschen
zu können. Oberndorff, der als Regierungsverweser in letzter
Instanz Recht zu sprechen hat, ordnet eine Untersuchung
«über die conduite ersagten Unsers und dessen fernere Taug-
lichkeit oder Untauglichkeit zu den obgehabten Diensten» an,

wobei aus der Kreise der Akademie selbst auch Stimmen
gehört werden sollen. Der Kammerrat Herd zieht bei seiner
Untersuchung die beiden ältesten Professoren Brand und
Leydensdorff und den ältesten, schon wiederholt preisgekrönten
Scholaren Müller bei. Die Pflichtigkeit des Unser, dem
Direktor während der Sommermonate wegen der auch in dieser
Zeit laufenden Gehaltsbezüge Modell stehen zu müssen, wird
von den beiden Professoren nicht verneint. Sein Alter lässt
ihn zwar noch brauchbar, aber nicht mehr ganz so tauglich
wie früher erscheinen, obgleich sein Rücken «unvergleichlich
gut» sei. Auf die häuslichen Verhältnisse Unsers fallen aber
sehr trübe Lichter. Unser giebt seinem Hausherrn Oschmann
wegen schlechter Kinderzucht, wegen Lärmens und Schlagens
und mehrfältiger Betrunkenheit zu Klagen Veranlassung.
Die Trunkenheit erschwert in der Akademie das Arbeiten
nach ihm. Unser wird also entlassen. An seine Stelle tritt
durch einstimmige Wahl der ehemalige Schweizer Leibgardist
Gottfried Ruppert, der aus seinen Bezügen den «durch seine
eigene Liederlichkeit unbrauchbar gewordenen Jos. Unser,»[20]
seinen Schwiegervater, unterstützen muss. Eine spätere Berufung Unsers gegen die Erkenntnis bleibt ohne Erfolg. —
In Sachen Drexlers lassen die Akten ebenfalls ungeordnete
häusliche Verhältnisse vermuten; wenigstens verfügt der nun-
mehrige Protektor der Akademie, Oberndorff, dass dem Modell
Jac. Drexler ein Viertel von dessen Monatsgehalt einbehalten
und seiner Ehefrau gegen Quittung verabfolgt werde.

Das herannahende Alter und die vielen Aergerlichkeiten,
die Verschaffelt neben seiner ausserordentlichen Thätigkeit zu
bestehen gehabt hatte, liessen in ihm den Wunsch aufkommen,
seiner Schöpfung, der Akademie, auch nach seinem Tode
dauernden Bestand zu geben, so weit es in seiner Macht lag.
Nicht wenig mag dabei auch die Einsicht mitgewirkt haben,
dass es um den Fortbestand der Akademie zweifelhaft bestellt
sei, wenn Karl Theodors schützende Hand den kameralen
Tendenzen nicht mehr das Gegengewicht halte. Die kurfürstliche Akademie, vom Kurfürsten mit der ausdrücklichen Absicht gegründet, seiner Pfalz eine künstlerische Erziehungsstätte
zu schaffen, hatte im Volke selbst nicht den mindesten Boden.

Als eine Schöpfung, die zur Hofhaltung gehörte, wurzelte sie lediglich in deren Erdreich. Was wir von den Schülern der Akademie kennen, weist auf den Hof. Es sind Stipendiaten entweder Karl Theodors oder eines auswärtigen fürstlichen Herrn. Die heranwachsende Bürgerschaft Mannheims, die Bevölkerung der ganzen Pfalz verhält sich gegenüber der Akademie durchaus spröde und unendlich gleichgiltig. Der bildende Künstler gehörte in Mannheim nicht zu den Geachteten. Die Lebensführung des Einzelnen wie die Abhängigkeit der Gesamtheit mochte wohl keinem den Rang eines Berechteten verschaffen. Meist den ungebildeten Kreisen entsprossen, zählten sie weder zur Hofgesellschaft noch auch, infolge ihrer Zugehörigkeit zum Hofe, zur Bürgerschaft. Die Künstler Mannheims teilten das schmerzliche Los aller, die den Uebergang von einer Klasse zur andern bilden: Sie gehören zu keiner, sie sind die Opfer ihrer Zwitterstellung. — Es fällt auf das befremdlichste auf, dass keiner der damaligen Künstler, sei er ein Plastiker, ein Maler oder ein Stecher etc. aus der Mitte der Bürgerschaft irgend einen Auftrag erhielt. Aus den Hunderten von Blättern, die in Mannheim gestochen und verlegt wurden, ist kein einziges Portrait eines Stadtbürgers zu finden, und die Thatsache, dass die Hofkupferstecher, die zum Teil die Stecherei zur notdürftigen Ergänzung ihrer Einkünfte betrieben, entweder im Elend verkamen (Winter), oder Mannheim verlassen mussten (H. Sinzenich) oder ihre Unternehmungen aufzugeben gezwungen waren (L. Krahe), spricht deutlich dafür, dass die Kunst, ihre Förderung und Belebung einzig und allein Sache des Hofes war. Wie anders war es mit der in Düsseldorf unter Lambert Krahes Leitung 1767 errichteten Akademie. Wie freudig und opferwillig wetteiferten «mit dem Fürsten die Landstände, Gemeinden und selbst Privatpersonen». Die Landstände allein erwarben um die Summe von 30 000 Reichsthaler von Krahe eine Sammlung von 14 241 Handzeichnungen, 23 445 Kupferstichen und Radierungen, 155 gestochene Platten und 526 Bände kostbarer Werke über Kunst und Kunstwissenschaften. Gerade in dem Augenblick, da Mannheim und die Pfalz ihr Interesse an der Kunst und den künstlerischen Anstalten hätte bezeugen müssen,

damals, als Karl Theodor nach München zog, versagte das
Bürgertum. Solange der Hof anwesend war und Mannheim
sich von ihm ernährte, war alles recht; sobald aber die Hofhaltung nicht mehr alle Hungrigen zu sättigen beliebte, begann
mau über die Verschwendung des Hofes zu Gunsten der Künstler
zu klagen. Ein für die Kunst interessiertes Bürgentum hätte
die künstlerischen Anstalten und damit eine grosse Einnahme-
quelle für Mannheim aufrecht erhalten können. Alle diese
Zustände mochten für Verschaffelt bestimmend sein, das
Möglichste zu thun, um sein Werk zu sichern. Mit dem
Bewusstsein, durch seine Schöpfungen der kurfürstlichen
Gunst wert zu sein, wie es ihm ja mehrfach bezeugt worden
war, und mit dem ganzen Stolze eines glücklichen Vaters, der
in seinem Sohne seine eigenen Talente reifen sieht, erbittet er
durch ein Schreiben [21] vom 1, III. 79 vom Kurfürsten das
Nachfolgerecht als Akademiedirektor für seinen Sohn Maximilian.
Der Kurfürst, der die treuen und erfolgreichen Dienste seines
besten Künstlers wohl zu würdigen weiss, genehmigt diese Bitte
der Dienstnachfolge mit Hinzufügung eines beträchtlichen
Anfangsgehaltes und der Zusicherung weiterer Zulagen im
Falle befriedigender Dienstführung. Nicht genug, durch die
Personalfolge der Akademie einen sichern Bestand für die
Zukunft gegeben zu haben, verleiht Karl Theodor ihr auch noch
einen namhaften Beitrag. Unterm 8. XI. 81 werden der
Zeichnungs-Akademie aus Kabinettsmitteln 2000 fl. übergeben,
«des Ends, damit dieselbe sothanen Betrag zu Kapital anlegen
und von den vorab fallenden Zinsen die bey ihr vorkommenden
Ausgaben, welche nicht bereits an die Generalkasse angewiesen
sind, bestreiten möge.» Die Akademie wird dadurch wieder
um einiges freier von der rechnerischen Krümelei der Hofkammer, indem kleine Bedürfnisse, wie Reparaturen und
manche Anschaffungen unmittelbar erledigt werden können.
Dieser Beitrag, wahrscheinlich von Verschaffelt erwirkt und
von Karl Theodor seiner Lieblingsschöpfung gerne zugewiesen,
war als erste Rate gedacht. Aus späteren Berichten geht
hervor, dass Karl Theodor einen jährlichen Beitrag in gleicher
Höhe für zehn folgende Jahre in Aussicht genommen hatte.
Er hat damit, wie mit der Dotation des unter Dalbergs vor-

trefflicher Leitung aufblühenden Hof- und Nationaltheaters,
bewiesen, wie sehr sein Herz an der sonnigen Pfalz und an
dem Ergehen Mannheims beteiligt war. Die Ungunst der
Zeitverhältnisse hat aber eine Vermehrung dieses Betrags
nicht gestattet.

Noch eines weiteren Erfolges darf sich Verschaffelt anfangs
der achtziger Jahre rühmen. Sein Neffe Sebastian Stassens
wird von Wolfgang Heribert Dalberg, dem zu dieser Zeit die
Oberaufsicht über die kurfürstlichen Kunstanstalten anvertraut
ist, als Direktor der Galerie von Rom nach Mannheim berufen.[22] Der alte von Schlichten aber hatte dieses Titularamt
noch inne, trotzdem ihm das Betreten der Galerie verboten
war, und so erhält Stassens nach Abgang Bühlers, des Inspek-
tors am Kupferstichkabinett, zuerst die Leitung des Kupferstich-
kabinetts, eine mit 200 fl. dotierte Stellung, die um ein be-
trächtliches bedeutender war, als die scheinbar wichtigere des
Galeriedirektors. Denn Karl Theodor verfügte auf Dalbergs
Vorstellungen, dass die Galerie um keine neuen Stücke mehr
vermehrt werden solle, während zum Behuf des Kupferstich-
kabinetts jährlich 1000 fl. verwendet werden. Stassens wird
beauftragt, ein genaues und vollständiges Verzeichnis zu machen
und in Ordnung zu halten. Im Jahr 1784 wird Stassens «in
Pflicht genommen». Er erhält nun auch die Schlüssel zur
Galerie, zum Kupferstich- und Zeichnungskabinett und ein
höheres Gehalt (400 fl.).

Das letzte Jahrzehnt seines Lebens, da die Folgen des
Alters sich schon bemerkbar machen, bringt Verschaffelt nach
diesen seinen langjährigen treuen Diensten entsprechenden Erfolgen nur wenig Erfreuliches. Er muss es erleben, dass er
das künstlerische Leben, das sich während der Anwesenheit
seines geliebten Fürsten in Mannheim entwickelt hat, sich auf-
lösen sieht. Ein Teil der in den fünfziger Jahren von Düsseldorf hergebrachten Antikensammlung wird wieder dorthin
zurückgeschickt. Die Zahl der Akademieprofessoren wird nicht
mehr ergänzt.[23] Brandt, der Hofportraitmaler und Sekretär der
Akademie, stirbt anfangs 87. Seine Stelle bleibt unbesetzt und
wird nur stellvertretungsweise von Hoffnas versehen.[24]

H. Sinzenich,[25] der Hofkupferstecher, der «als Beihilfe

des alternden Verelst» aus England gerufen und mit den besten Einrichtungen für seine Kunst versehen worden war, kann sich in Mannheim nicht mehr halten. Zwar hat er auf sein Erbieten hin, das Kupferstichkabinett «nur mit den allerbesten und vollkommensten Abdrücken von jeder neuen englischen, deutschen und französischen gestochenen Kupferplatte» um die genauesten Originalpreise zu ergänzen, eine Art Monopol als Lieferant für die Anschaffungen erhalten. Allein auch dieser kaufmännische Succurs zu seinem Gehalt und sonstigen Verdienst ist nicht im stande, ihn vor dem Ruin zu bewahren. Im Jahr 90 erhält er von Oberndorff die erbetene Erlaubnis «zur Abreise nach Berlin auf eine Zeitlang und bis zur gnädigsten gefl. Rückberufung, jedoch ohne Vorschuss seiner jährlichen Salarii.» — Mannheim hat ihn aber nicht wieder gesehen. — In Berlin war durch die Reorganisationen Friedrichs II. neues künstlerisches Lebens erwacht. An der Akademie dort wurde der technischen Ausbildung der angehenden Künstler und Kunsthandwerker besondere Aufmerksamkeit zugewendet, und der naturalisierende und humorvolle Chodowiecki begann mit seinen Stichen und seiner volkstümlichen Kunst Aufsehen zu erregen.

Die Akten weisen weiterhin noch wahrhaft erschütternde Familienverhältnisse bei den Künstlern auf, wovon später noch die Rede sein wird. —

Auch sonst hat Verschaffelt als Akademiedirektor noch mancherlei Unannehmlichkeiten zu bestehen. Zunächst macht sich wieder die Unbotmässigkeit der Modelle fühlbar. Der Unser'sche Geist wird wieder lebendig. Die Modelle Drexler und Ruppert weigern sich, ohne erhöhte Gehaltsbezüge auch den Sommer hindurch Modell zu stehen und zu arbeiten, wie Verschaffelt zum Zweck seines Schaffens es anordnet. Sie berufen sich darauf, dass die neuerlich von Verschaffelt befohlene Arbeitsleistung ausserhalb ihrer Pflichten liege und ihnen Verbindlichkeiten und Opfer aufbürde, die weder an andern Akademien gebräuchlich seien, noch auch mit ihren Bezügen im Einklang ständen. Sie bitten, falls es bei der neuen Verordnung des Akademiedirektors in Bezug auf Modellstehen im Sommer sein Verbleiben habe, um Bewilligung einer herrschaftlichen Montur während ihrer Brauchbarkeit als Modelle, um Befreiung von den Nebenarbeiten und um Zusicherung einer jährlichen Gnadenpension, wenn sie einmal dienstunfähig şeien.[26]

Verschaffelt gibt in einem längeren Schreiben an den Kurfürsten die Geschichte der Modelle. Die Erfahrungen haben ihn belehrt, dass die von ihm bei Errichtung der Akademie beantragte Anstellung der Modelle sich als ungeeignet erwiesen hat. Er schlägt entsprechende Abänderungen vor. Da der Akt auch in Bezug auf die Entstehung der Akademie von Wichtigkeit ist, so folgt er hier wörtlich: «Euer Kurfürstliche Durchlaucht haben unterm 29. vorigen Monaths gnädigst geruhet, über die rückangeschlossene Vorstellung der beyden Modell-Steher in der hiesigen Zeichnungs academie gutachtliche Berichts-Erstattung gnädigst zu erfordern; zu dessen gehorsamster Folgleistung muss ich auf mehrere Jahre zurück gehen, und folgendes unterthänigst bemerken :

Als ich in Euer Kurfürstlichen Durchlaucht höchste Dienste gnädigst aufgenohmen wurde, so durfte ich mir aus einem hier in garnison liegenden regiment den Joseph Unser als Model und Handlanger zu meinem eigenen Gebrauch wählen; dieser bekam nach frey erhaltenem Abschied 10 fl. monathlich, die Kleidung, und nach Verlauf eines Jahres auch anderthalb Pfund Fleisch täglich zum Gehalt; Mit diesem hab ich 13 Jahr lang zu meiner eigenen Befriedigung eine Kleine academie gehalten.

Nachher haben Euer Kurfürstliche Durchlaucht im Jahr 1769 auf meine unterthänigste Vorstellung eine förmliche Zeichnungs-academie zu errichten gnädigst beschlossen, und mir den höchsten Befehl ertheilt 2 Modellen, jedes mit 20 fl. monathlicher gage zu dingen ; da aber Euer Kurfürstliche Durchlaucht nachgesetzte Hofkammer meine zur Arbeit nöthige Eisen ganz verfertigter jederzeit ertheilen liess, so nahm ich zur Ersparhung dieser Kösten den Jacob Drexler einer Schlosser von profession zu meinem Modellen noch hinzu ; Es können sich daher die beyden Modellen keineswegs von der Arbeit entledigen, und zwar um so weniger, da die Arbeit die Musculeuse theile sehr scheinbar erhält, welche ansonsten ein langwühriger Müssigang und eine beständige Unthätigkeit

dem ohnehin schwachen Auge des angehenden Künstlers be-
decken würde.

Ein Modell-Steher ist, dem eigentlichen Begriffe gemäss
jener, dessen äuserliche Gestalt, dem fleissigen Künstler zur.
Richtschnur dienet ; diese aber leidet durch anwachsendes Alter,
aufstossende Krankheiten, grosse Ausschweifungen und sonstige
vielfältige Zufälle, so grosse Abänderungen, dass sie endlich
zu dem, wozu sie bestimmet worden, ganz unbrauchbar wird,
diesen ohnvermeidlichen Ohngemächlichkeiten zu entweichen,
nehmen die Directoren aller academien diesser Art, Keine
ständigen Modellen an, sondern ändern damit nach Lage der
Umstände ; Um welche ausdrückliche Befugnis ich Euer Kurfürstliche Durchlaucht unterthänigst will gebetten haben.

Mildester Erhörung mich auch umso mehr des willen
unterthänigst getröste, weilen das bestimte Gehalt der Modellen, so beschaffen ist, dass man leichtlich leute finden würde,
die sich dafür zu dem Dienste verstehen würden, besonders,
wenn dem zeitlichen Directoren der academie wie bey dem
ersten Modelle Joseph Unser gnädigst gestattet wird, dass er
einen aus den regimentern wählen darf; Diese Befugnis wird
mich auch in stand setzen, diese unbändige leute zu ihren
Pflichten anzustrengen, und mich gegen ihr ungebührliches
Betragen zu schüzen, welches mich öfters genöthiget hat bey
Euer Kurfürstlichen Durchlaucht meine unterthänigste Klagen
gehorsamst zu wiederholen.

Zu diesen oft unerträglichen Ausschweifungen mag vieles
beitragen, dass diese Modelle-steher ihr Monatliches Gehalt von
Kurfürstlicher General Cass empfangen, welches ihnen den
Irrwahn beibringt, von niemand als von Hof allein abzuhangen,
Euer Kurfürstliche Durchlaucht bitte ich daher unterthänigst die
gnädigste Verfügung zu treffen, dass diese leuthe hinkünftig
ihr gehalt durch mich empfangen.

Die Kleidung dieser Modellen betr. so hat zwar der vorige
Kurfürstliche Hof-Kammer praesident Graf von Nesselrod dem
Schlosser ein Schurzfell, um seine Kleidung nicht zu sehr zu
vernuzen, des würcklichen Conferential Ministers Freyherrn
von Oberndorff Excellenz aber jedem Modelle einen überrock
verwilliget und geben lassen, ob nun solche Kleidung Stücke

nun auch noch künftig verreicht oder vermehret werden sollen, ob ferner einem Mann, welcher treu und redlich lange Zeit gedienet hat, und durch ohnverschuldung zu Fall, oder sein Alter ohnbrauchbar geworden, ein Gnaden Gehalt zur Fristung seiner tagen, gnädigst ausgeworfen werden wolle, hanget lediglich von Euer Kurfürstlichen Durchlaucht höchster Gnade und Milde ab.

So viel ist gewiss, dass diese leuthe nach Verhältnis ihres Gehalts sich sehr unbillig weigern, auch Sommers ohne zulage zum Modelle zu stehen, und die vorkommenden Arbeiten in ihren zwischen stunden zu verrichten.

Euer Kurfürstlichen Durchlaucht hab ich daher diese ware lag der umstände gehorsamst einberichten, und das weitere gnädigster Entschliesung untergeben sollen.

In tiefester Unterwerfung ersterbend etc. etc. Mannheim, den 31. May 1782.» — —

Auch im Akademiegebäude zeigen sich eine Reihe von Missständen, deren Beseitigung Verschaffelts Bemühungen erfordern. Die Bedürfnisanlage des Hauses verlangt Reparaturen. Trotzdem ähnliche Herstellungen nach Verschaffelts Klarlegung seiner Anstellungsverhältnisse schon früher auf Rechnung der Generalkasse übernommen werden mussten, wird ihm auch jetzt wieder zugemutet, sie auf seine eigenen Kosten machen zu lassen.

Das Dach des Antikengebäudes ist ebenfalls schadhaft geworden, derart, dass «der Schnee in den Antikensaal eindringt, die Formen zudeckt, so dass die Figuren und Formen bei Thauwetter abgekehrt werden müssen, wodurch leicht einmal etwas zerbrechen und an der schönen antiquen Sammlung ein unermesslicher Schaden entstehen könne.» [27] — Auch rinnt der Kandel zwischen diesem Saal und der Zeichnungsakademie. Am rätlichsten hält Verschaffelt die Eindeckung des Daches mit Schiefer. Auch das eiserne Thor ist baufällig und muss hergestellt werden. In den Verfügungen der Hofkammer wird Bedacht weniger auf gründliche Abstellung der Missstände, als auf möglichst billige Arbeit gelegt, ein Verfahren, das zwar dem Augenblicksbedürfnis genügte, aber schwere Schädigungen für die kommende Zeit im Gefolge hatte.

Der alte und geschickte Formator Karl Zeller, einer der treuesten und zuverlässigsten Gehilfen Verschaffelts, war auch nicht mehr. Verschaffelt hatte ihn sofort nach seiner Ankunft in Mannheim während der Zeit der «kleinen Akademie» und zur Herstellung der Abgüsse in den fünfziger Jahren in sein Atelier genommen und in den nötigen Hantierungen ausgebildet. Anfangs der sechziger Jahre hatte er gegen eine Besoldung von 120 fl. das Amt eines Formators mit der Anmerkung erhalten, «sich in allem in obbemelter von ihm erlernter Wissenschaft einschlagendem ohne Ausnahm noch Widerrede gebrauchen zu lassen.»[28] Als die Statuen und Formen in drei Zimmern des Schlosses gesammelt wurden, erhielt Zeller die Aufsicht darüber mit einer Gehaltszulage von 40 fl.[29] Gratifikationen und eine weitere Gehaltszulage von 100 fl., «jedoch ohne Consequenz auf seinen Nachfolger,» aber auf kurfürstlichen Befehl ihm gewährt, lassen erkennen, dass Zeller sich mit seiner Arbeit die Zufriedenheit seiner Vorgesetzten erwarb.

Anfangs der achtziger Jahre erhält Zeller seinen Sohn Nikolaus «mit dem Recht der Nachfolge in der Stelle nebst deren anklebigen Besoldung» zugeteilt.[30] Dass die Söhne in die Stellen ihrer Väter bei deren Tod einrückten, war am kurpfälzischen Hofe üblich, selbst dann, wenn die Befähigung sich auf nichts anderes gründete, als auf Blutsverwandtschaft. (Siehe Verschaffelt und sein Sohn Maximilian; der Sohn des Hofkupferstechers H. Sinzenich, Johann, erhält das Hofamt eines Vogelausstopfers etc.) — Ende 83 stirbt der verdienstvolle und tüchtige Zeller.[31] Sein Sohn rückt demgemäss in seine Stelle mit 160 fl. Gehalt.

Seine «erprobten Fähigkeiten» scheinen aber an die Geschicklichkeit des Vaters, der eine stattliche Anzahl von Abgüssen für das Mannheimer und Düsseldorfer Kabinett gefertigt hatte, nicht entfernt herangereicht zu haben. Die Formensammlung gerät von dieser Zeit an in Verfall, wie aus den späteren Berichten Lamines hervorgeht. — Alle diese Zustände künden einen Niedergang an. Niemand hat sich mehr um die Erhaltung des mit Aufwendung grosser Summen zusammengebrachten Antikenkabinetts gekümmert; nicht die Akademiedirektion, nicht die Hofkammer und nicht Mannheims Bürgerschaft,

die ja an dem kurfürstlichen Eigentum ohnehin nicht weiter
als örtlich interessiert war.

Die einzige Freude des alternden Verschaffelt mag in dieser
Zeit der letzte grosse künstlerische Erfolg seines Lebens gewesen sein. Die Deutschherrn zu Nürnberg erbauten eine
Kirche. Der bedeutende Würzburger Baumeister Frz. Ig. M.
Neumann hat zuerst die Bauleitung; nach seinem Tod übernimmt Verschaffelt die Errichtung des Baues von Grund auf.
Aber am 5. April 1793 setzt der Tod auch seiner Thätigkeit
ein Ziel. Damit schliesst die Epoche des gesicherten Bestandes
der kurfürstlichen Zeichnungsakademie zu Mannheim. Denn
was Verschaffelts Nachfolger Peter Lamine bis zur gänzlichen
Aufhebung dieses Kunstinstituts noch zu bestehen hat, ist
eigentlich nur eine Kette von Widerwärtigkeiten. Man könnte es
als symbolisches Zusammentreffen bezeichnen, dass Lamine
während seiner Thätigkeit als Direktor nur noch Grabsteine
zu meisseln hat. Damit schliesst auch die Zeit der Kunstpflege
in Mannheim, soweit es sich um die bildenden Künste
handelt.

Um die erledigte Direktorstelle an der Akademie bewerben
sich Franz Anton Leydensdorff, Joh. P. Melchior, Joh. Wilhelm
Hoffnas und Peter Lamine. Schon am ersten Tage nach dem
Hinscheiden Verschaffelts, am 6. April reicht Lamine seine
Bewerbung[32] ein, in der er anführt, dass der seit 1779 beanwart-
schaftete Sohn Verschaffelts, Maximilian, «nur die Bildhauer-
und nun die Baukunst erlernet, sich aber keineswegs zur
Mahlkunst bequemet hat, die doch vorzüglich dahin ein-
schlägig und die Beurtheilung von der Höchst gestifteten
Academie erwartet. Schon 23 Jahr bin ich als Lehrer der
Zeichnungsakademie, ohne aller Erfreuung gnädigst ange-
stellet, und in allen Fächern meiner Wissenschaft eiferte
ich auf schuldige Befriedigung des höchstens Wohlgefallens,
mithin darf ich auf die gnädigste Conferirung diesen Directorn-
Stelle umsomehr unterthänigst hoffen, als von einem jeden
Directorn erfordert wird, dass er die Kunst des Lehrens ver-
stehet.» —

Dieser Bitte fügt Lamine am 24. nochmals eine ähnliche
und weiter motivierte hinzu. Sie lautet:

4

«Durchlauchtigster. Churfürst
Gnädigster Herr!

Dem Schulze und Flohr den Euer Churfürstliche Durchlaucht während Höchstdero fünfzigjährigen beglückten Regierung Künsten und Wissenschaften gewähren, verdanke auch ich die Fortschritte und Vollendung der mich gewittmeten Bildhauerkunst.

In dem Jahre 1766 ward ich durch Euer Churfürstliche Durchlaucht Höchste Gnade unterstützet nach Italien mit der ausdrücklichen Bedingung geschicket, in Keine als Höchstdero Dienste mich zu begeben. Dieses erweckte den Wunsch und die Hoffnung in mir einstens in die Stelle meines verdienstvollen Lehrers von Verschaffelt versetzet zu werden, und gabe meinem Kunstgefühl Schwung und Anstrengung: Dieser gnädigsten Dienste und der Nachfolge eines würdigen Künstlers mich nicht unwürdig zu machen; ich kam nach vollendeten Studien zurücke, und mein Durchlauchtigster Landesherr hatte die hohe Gnade diese meine Hoffnung zu bestärken.

Inzwischen hatten die langjährigen Dienste meines Lehrers auch diese höchste Gnade älterer Ansprüche: Er bath um die Nachfolge für seinen Sohn Maximilian, und ihm ward diese billige Bitte gewehret. Aber meine Hoffnung war dahin. — ich ehrte die Wahl und — trat zurücke. — Verschaffelt ist nun dahin, sein Sohn Maximilian renunciret auf die durch Ableben seines Vaters erledigte Stelle, und mich belebet neue Hoffnung. Durchlauchtigster Churfürst; gnädigster Herr! Es sind bereits 21 Jahre dass ich mich von meiner Reise zurück in Höchstdero Dienste befinde. Nur einmal hatte ich diese lange Zeit hindurch das Glück durch meine Arbeit das, was ich als Künstler zu leisten im stand seye, Höchstdenenselben zu zeigen — es war Pan im Schwetzinger Garten, den mein Durchlauchtigster Wohlthäter damals mit so schmeichelhaftem Lobe zu würdigen geruheten. Mangel an Beschäftigung und Famillien Verhältnisse musten notwendig Mangel an Lebsucht nach sich ziehen, und nur die strengeste Oeconomie schützte mich vor der äussersten Nahrungssorge, die nur die Milde Euer Churfürstlichen Durchlaucht zu entfernen im stand ist auf welche ich mit Zuversicht hoffe.

Als der nach dem verstorbenen tit. von Verschaffelt in
diesem Fache einzig und ältester Diener, als einziger Eleve
dieses verdienstvollen Künstlers, und treuer Unterthan, ange-
feuert durch die von Euer Churfürstlichen Durchlaucht von
meiner Jugend an verliehenen Unterstützung zu Erlernung
dieser Kunst, und hiemit bezeugten Höchsten Beyfalls wage
ich es daher um die durch Ableben dero Hofbildhauern von
Verschaffelt in Erledigung gekommene Stelle bey hiesiger
Zeichnungs academie nebst anklebiger Besoldung und Benütz-
ungen unterthänigst zu bitten. Gnädigsten Erhörs mich ge-
tröstend harre in tiefster Erniedrigung etc. etc.

P. Lamine.
Mannheim, den 24. April 1793.»

Nicht minder eindringlich bittet der Modellmeister der
Frankenthaler Porzellanfabrik Joh. Peter Melchior, indem er
ausführt:

«Die Wichtigkeit der Stelle bedarf baldige Besetzung, in
Ansehung der hiezu erforderlichen Fähigkeit bin ich keinem
innländischen Künstler nach meiner gründlichen Ueberzeugung
nachzusetzen, durch meinen der Churfürstlichen Porzelan-
Fabrik zu Frankenthal geleisteten vieljährigen Dienst glaube
ich mir besondere Verdienste erworben zu haben; durch Unter-
richtung junger Künstler und Kunstliebhaber, dann durch Be-
förderung des guten Geschmacks wünschte ich, wozu mich die
Erhaltung dieser Stelle in Stand setzte, meinem gnädigsten
Herrn und dem Vaterlande noch wichtigere Dienste thun zu
können.» — Er meint, die Direktorstelle unbeschadet der
Modellmeisterstelle versehen, für die Fabrik nebst Original-
stücken die schönsten Antiken, Büsten und Statuen in guten
Kopien liefern zu können, wodurch der Ruhm, der Absatz der
Produkte und derselben Aufnahme viel gewinnen möchten.
Das Aerar würde die Modellmeisterbesoldung sparen; wenn
er nur Fourage für ein Reitpferd bekäme, um bei der Fabrik
ab- und zugehen zu können, sei er zufrieden. Wenn also
Maximilian die Stelle nicht übernimmt, so bittet Melchior, sie
ihm zu konferieren.

Auch Joh. W. Hoffnas, Porträtist und seit 1777 als Hofmaler angestellt, sucht sich einen Vorteil aus dem Tode Ver-

schaffelts zu sichern. Zunächst bittet er um eine Gehaltszulage
von 400 fl. aus dem erledigten Gehalte Verschaffelts. Inzwischen
mochte er wohl von den andern Bewerbungen gehört haben,
und so stellt er sich am 29. April auch unter die Zahl der
Bewerber. In seinem Pro memoria an Oberndorff führt er an :
Maximilian Verschaffelt soll mit 1200 fl. in Sold der Churfürstlichen Durchlaucht als «argiteckt» (Architekt) in München
stehen. Er selber ist seit 20 Jahren bei der Akademie, ver-
sieht die Stelle unentgeldlich, ist einer der ältesten Professoren
und hat das Versprechen erhalten, bei einer «facatur» vorzüglich besoldet zu werden. Auch beruft er sich darauf, die
Direktorstelle schon versehen zu haben und meint schliesslich :
«Nun haben wir fast in gantz Itallien, merrentheilss Mahler,
die Direchter seindt» ; sie sind auch geeigneter, die jungen
Leute zu unterrichten, als die Bildhauer, «besonderss diweilen
selbe; schatten und licht besser verstehend.» Er glaubt, dass
nach allen Rechten die Direktorstelle ihm zukomme, denn von
Schlichten sei alt und kränklich ; Leydensdorff auch, Linck
(der Bildhauer und zweite Porzellanplastiker) ist jünger und
kränklich ; alle diese haben auch Besoldung, er dagegen keine.
Oberndorff, meint Hoffnas, soll deshalb «einsicht nehmen auf
mich, theilss meine Vorzüge und Verdienste, nebst Frau und
vier Kinder und von 1777». — Ein Mann von sölchen Eigen-
schaften, schmeichelte er sich auch noch so sehr mit seinem Fleiss
und seinen Arbeitleistungen, denen aber künstlerische Thaten
kaum zur Seite standen, konnte ernstlich nicht in Betracht kommen.

Aber so wenig Hoffnas, so wenig kamen auch der sehr
tüchtige und einzig nennenswerte Nachfolger Krahe's und
Brinkmanns Franz Anton Leydensdorff und der praktisch und
theoretisch durchgebildete Plastiker J. P. Melchior in Frage

Durch ein churfürstliches Reskript war auf Anstehen Pet.
Verschaffelts sein Sohn Maximilian als Nachfolger in der
Akademiedirektion bestimmt worden. Beim Wegzug Karl Theo-
dors von Mannheim war Maximilian seinem Fürsten nach
München gefolgt. Dort hatte er eine leitende Stellung am Hof
als Bau- und Gartendirektor mit ansehnlichen Bezügen erhalten.
— Die Anlage des «Englischen Gartens» soll namentlich auf
ihn zurückzuführen sein. — Ihn konnte also die vielumworbene,

im Grunde aber für einen schaffenstüchtigen und schaffensfreudigen Künstler precär gewordene Stelle als Akademiedirektor nicht mehr locken. In München war Max. Verschafft
an erster Stelle, in unmittelbarer Beziehung zum Hof und zum
Fürsten. Sein Wirkungskreis konnte sich nur vergrössern,
und im Falle des Ablebens des Kurfürsten bestanden alle Aus-
sichten, von der zur Kurwürde gelangenden neuen Linie
Birkenfeld-Zweibrücken als ein oberer Beamter in seinen gut
dotierten Diensten belassen und behalten zu werden. In Mannheim dagegen stand die Akademie auf dem Aussterbeetat. Im
günstigsten Falle war die Stellung als Akademiedirektor eine
Sinekure für einen nicht weiter strebenden, schaffensfreudigen
Hofkünstler. Ob die zu erwartende neue Kurlinie den Bestand
der Akademie wünschte, war zweifelhaft; denn vor allem sollte
doch die neue Residenz München zuerst mit künstlerischen
Anstalten und Unternehmungen bedacht werden. Der Verzicht
auf die Direktorstelle mag also Maximilian leicht geworden
sein. Wenn er, im Geiste seines Vaters handelnd, um einen
Nachfolger sich umsehen mochte, so musste sein Blick auf
Peter Lamine, den Schüler und Gehilfen seines Vaters, fallen.
Denn es ist zweifellos sicher, dass, von dem Tag der Aufnahme
als Hofbildhauer, P. Lamine seinem Lehrer Peter Verschaffelt
in der Ausführung der zahlreichen Werke beigestanden hat.
Zwischen Lamine und Max. Verschaffelt haben gewiss Ver-
ständigungen über die Besetzung der Direktorstelle gelegentlich
der Anwesenheit Maximilians nach dem Tode seines Vaters
stattgefunden. Denn Lamine gibt bereits am 24. April 1793
um die Stelle mit dem Bemerken ein, dass Maximilian auf das
ihm zugesprochene Amt «renuncieret», während das offizielle
Schriftstück der Verzichtleistung vom 15. Mai 93 datiert ist.
Es lautet kurz und bündig:

«Da Euer churfürstliche Durchlaucht mir das Amt des
Bau- und Garten-Direktors in München übertragen hat, lege
ich zu Ew. erhabenen Füssen die Stelle des Direktors der
Zeichnungsakademie zu Mannheim nieder, welche mir durch das
Hinscheiden meines Vaters kraft der gnädigen Verfügung zu-
fällt, welche Ew. Kurfürstliche Hoheit vor einer Anzahl von
Jahren zu erlassen geruht haben.

Dürfte ich bei dieser Gelegenheit es wagen, Euer Durchlaucht eine Persönlichkeit vorzuschlagen, welche ich für fähig halte, diese Stelle auszufüllen, so bitte ich, dieselbe Peter Lamine, dem Hofbildhauer, zu übertragen, welcher seit einer Reihe von Jahren durch seine Werke und sein Betragen seine Fähigkeit und seinen Eifer für den Dienst Eurer churfürstlichen Hoheit bewiesen hat und verbleibe in tiefster Ehrfurcht u. s. w. u. s. w.» —

Dem Gesuche dieser beiden wird entsprochen. Peter Lamine wird die Direktorstelle an der Bildhauer- und Zeichnungsakademie «auf dessen unterthänigstes Suppliciren und in Rücksicht seiner Bewährten Geschicklichkeit, unter Vermehrung des mit 600 fl. jährlich geniesenden Gehalts, von 200 fl. aus der von Verschaffelt'schen Besoldung nebst Zuwendung deren zu Behuf der Werkstatt Jährlich abgegeben werdenden 25 Wagen Buchen- und 25 Wagen Gemeinen Holzes — dann 150 ℔. Lichter — auch Genuss der von seinem Dienstvorgänger innen gehabten Wohnung vermög ausgefertigten Patents gnädigst übertragen.» —

Lamine hat sich dadurch mit Dornen gekrönt. Die beiläufig zehn Jahre seines Direktorats sind erfüllt von Widerwärtigkeiten. Sie beginnen mit den Plackereien behufs Instandsetzung der Wohnung. Seit der Mitte der achtziger Jahre scheint sich Verschaffelt nicht mehr viel um die Akademie, die Antiken, die Instandhaltung der Wohnung und des ganzen Gebäudes gekümmert zu haben. Lamine beantragt nach und nach im Laufe der Sommermonate 1793 die Herstellung des Daches, der Oefen, Fussböden, der Küche, das Tünchen der Wohnung und der Zeichenstuben, welch letzteres den Erben des verstorbenen Akademiedirektors zur Last fällt. [33]

Am 11. Oktober 93 bezieht P. Lamine «das herrschaftliche Haus, so den Antiquen Saal, die Academie der Zeichenkunst und die Hofbildhauerei enthält». [34] Da ihm aber «über die Kunststücke, vorräthigen Marmor und die nahmhaftesten Geräthschaften noch keine arth ausslieferung geschehen», so bittet er um Verhaltungsmassregeln. Noch dringlicher lässt er sich die Erhaltung der auf dem Speicher des Antikensaales lagernden kostbaren Formen der schönsten antiken Statuen, Brustbilder und Köpfe angelegen sein, deren Wert er auf mehr als 25000 fl.

schätzt, und die seit dem Tode des Formators C. Zeller (1789)
«sich durch gänzliche Verwahrlosung in solch schlimmen
umständen befinden, dass wenn solche noch einen einzigen
Winter hindurch darinnen verbleiben sollten, sie ohnfehlbar
zu grund gehen und als bloser bau Kummer anzusehen seyn
würden». [35] — Er beantragt die seit Zellers Tod verwaiste
Formatorsstelle wieder zu besetzen und schlägt hiefür den «zu
solchem Geschäfte ganz tauglichen, wie auch rechtschaffenen
Jos. Kienzler, (einen Schüler Verschaffelts) für dessen Treue
und pünktlichkeit ich jederzeit Bürge sein werde,» als geeignet vor. Unter Anwohnung Widders, des Hofkammer-Vice-
direktors, N. von Pigage's, des kurfürstlichen Hofbaudirektors
und Lamine's soll auf Oberndorffs Anordnung ein Augenschein
vorgenommen und darnach ein gutachtlicher Bericht vorgelegt
werden, wie die weitere Erhaltung dieser Kostbarkeiten zu
erzielen sei. [36] Bei dieser papierenen Massnahme ist es denn
auch geblieben. Die hereinbrechenden Kriegszeiten, die Be-
lagerung u. s. w. waren nicht geeignet, das Interesse an der
Kunst und den Kunstinstituten zu heben. Die Waffen dröhnten,
und die Musen schwiegen.

Die Anregung Lamines zu Gunsten der der Akademie an-
vertrauten Schätze ist in den Aktenrepositorien der Hofkammer
eingelagert worden. Ausserdem wurden während der nächsten
Kriegsjahre die Regierungsakten nach Neckarelz geflüchtet.
Das kamerale Interesse und dasjenige Oberndorffs, «eines für
die Kunst ganz kalten» Mannes, erstreckte sich jetzt lediglich
auf aktenmässige Feststellung dessen, was für Verschaffelt seit
56 bis 83 aus Kammermitteln bewilligt worden war. [37] Es
belief sich rund auf 17 000 fl. — ohne Anrechnung der Ausgaben für Reparationszetteln, die «als nicht unter die Meubles
geeignet,» umgangen worden waren. Offenbar war die Kammer
wieder einmal der Meinung, dass das für ein so unrentables
Institut wie die Akademie, übergenug des Geldes sei. Die Re-
vision der Verbrauchsnachweisungen bei der Generalkasse er-
gab, dass jährlich für die Hofbildhauerei und Zeichnungsakademie etwa 600—700 fl. verausgabt wurden. Auf Vorstellung
der Hofkammer bei Karl Theodor, ob nicht «bei den betrübten
Kriegszeiten und den damit erschöpft werdenden herrschaft-

lichen Kassen alle voluptuarischen und sonst entbährlichen Ausgaben eingestellt oder doch nur auf äusserste Nothwendigkeit
beschränkt werden sollen», wird vom Kurfürsten verfügt,
«nach vordersamster Vernehmung des zeitlichen Direktors tit.
Lamine zu erwägen und näher zu berichten, ob und welche
Mässigung hierbei eintretten könne». Karl Theodor war offenbar nicht der Ansicht, dass der Kunstbetrieb zu den «voluptuarischen Ausgaben» gehöre. Es ist wahr, zu einer energischen politischen oder verwaltungsmässigen That vermochte
sich der Kurfürst selbst in den Kriegszeiten nicht aufzu-
raffen. Er vermeinte das Beste für die pfälzischen Lande
zu thun, wenn er weder durch allzu agressive, noch allzu
defensive Massnahmen bei Freund oder Feind sich auffällig
machte. Wo waren überhaupt in jenen wirren Zeiten, die nach
neuen Grundlagen rangen und die neue Verhältnisse zwischen
Fürsten und Völkern schufen, die Staatsmänner, die sich des
rechten Weges bewusst waren, wenn selbst Preussen seinen
Separatfrieden von Basel schloss und damit den Rhein den
Franzosen preisgab? Bei der schwankenden Haltung, die die
leitenden Persönlichkeiten einnahmen, war die Haltung der
untergeordneten Stellen selbstverständlich keine feste; denn
sie war keine leichte. Es war die Zeit der halben Massnahmen
nach aussen wie nach innen. Und als gar im Spätherbst 95
ein Flügel der kurfürstlichen Residenz in Flammen aufging
und ein grosser Teil dahin geflüchteter Werke Mannheimer
Künstler ein Opfer der Feuersbrunst wurde, da hätte es ge-
heissen, die Gewalt der Thatsachen verkennen, wenn nicht
dem Mutigsten und Hoffnungsvollsten der Gedanke gekommen
wäre, dass es mit der Blütezeit der bildenden Künste in Mannheim endgiltig vorüber sei.

In der Antwort Lamine's auf die Anregung der Hofkammer
wird die Möglichkeit der Aufhebung der Akademie, die teils
in den schwachen Besuchsverhältnissen, teils in den Zeitum-
ständen, jedenfalls aber auch in der Gleichgiltigkeit der pfälzischen Bevölkerung gegen das Institut begründet gewesen
sein mag, ins Auge gefasst. [38] Lamine meint nämlich, dass
für künftiges Jahr (Okt. 94 — April 95), «falls die Academie
nicht gänzlich eingestellt werden soll», vermöge Anschaffung

einer neuen Lampe ein Quantum von 30 Mass Baumöl erspart
werden könne. Für dieses Jahr sei eine Beschränkung nicht
angängig. Ausserdem könne wohl das Gehalt für die Modelle
(«Jac. Drexler ist nach 25 jährigen Diensten zu diesem Geschäfte ganz untauglich») im Betrag von 40 fl. monatlich beschränkt oder gänzlich eingezogen werde; auch «die Preise
im Betrag von 105 fl. können wegfallen, da ein Teil der scolaren
die Preise schon gewonnen, der andere noch nicht so weit
vorgeschritten sind». [39]

Lamine's Verteidigung der Bedürfnisse für die Akademie
ist dem Willen der Hofkammer zu entgegenkommend. Verschaffelt würde sich zu einer solchen Einschränkung nie verstanden haben. Sogar der Hofkammerrat Widder, der die
Angelegenheit zu bearbeiten hatte, möchte so weit nicht gehen,
als Lamine vorschlägt. Er empfiehlt die Anschaffung der
neuen Lampe, den Ausfall der Preismedaillen für das laufende
Jahr, die Streichung der 30 fl. für drei Kasten Kohlen zum
Gipskochen, da ja doch nicht geformt wird, befürwortet aber die
Beibehaltung der Modelle, solange an der Akademie gearbeitet
wird, hält die Entziehung des Invalidengenusses, den Jac.
Drexler bezieht, als der kurfürstlichen Milde nicht angemessen
und lässt unentschieden, ob der Verbrauch der Unschlittlichter
im Betrag von 90—100 fl. weiterhin statthaben soll. Oberndorff ordnet im Einverständnis mit Karl Theodor an, dass die
allermöglichste Sparsamkeit und Einschränkung im Verbrauch
von Baumöl, Holzkohlen und Unschlittlichtern beachtet werde,
und dass im übrigen den Lamine-Widder'schen Anträgen entsprochen werden solle. Lamine kennzeichnet sich in seiner
Direktion durch Unentschiedenheit in allem, wo ein sicheres
Auftreten nötig gewesen wäre, und durch völlige Unfähigkeit
zu organisieren. Zur Ersparung des für Beleuchtung der
akademischen Zeichenstuben erforderlichen Baumöls und zur
Ableitung des für Augen und Lungen empfindlichen Oeldunstes
hat er drei Modellampen konstruiert, von denen die dritte
«ganz vollkommen» entspricht. [40] Aber sie beleuchtet nur das
Modell, so dass jeder Zeichner und Modellierer seine besondere
Beleuchtung haben musste, wodurch die Oelkonsumtion be-
trächtlich vermehrt wurde. Darum bittet er, «die sache bey

der schon so lange bestandenen einrichtung seines verdienstvollen Vorfahrers belassen und zum Besten der Studierenden
Jugend» einen Rauchfang mit Rohr bauen zu wollen. Ferner
bittet er wieder um Fortbezug der Holzkohlen, die zum Unterhalt der gänzlich verwahrlosten Formen des Antiquensaales,
d. h. zur Herstellung des dazu nötigen Werkzeugs unentbehr-
lich sind. Ausserdem beantragt er wiederum die Besetzung
der seit 89 erledigten Formatorstelle oder aber die Ermächtig-
ung, dass er mit zwei Taglöhnern die Sortierung, Säuberung,
Umbindung und Einölung der Formen vornehme und die
nötigen Materialien an Seilen, Eisendraht und Bindfaden von
der Materialkammer ausgefolgt erhalte. Für diese Anforder-,
ungen entschuldigt er sich förmlich bei der Hofkammer mit
der Bemerkung, dass er nur zum Nutzen seines gnädigsten
Herrn und in Erfüllung seiner Pflichten handle. Lamine ist
bereits soweit gekommen, dass er die Missstände an der
Akademie durch Verbesserung der Subsellien beseitigen zu
können glaubt, und dass er sich zur Arbeit eines Formators
hergibt.

Der betreffende Hofkammerbericht[41] lässt erkennen, wie
nebensächlich man das kurfürstliche Institut behandelt, da die
Baukommission «in Ansehung der misslichen Cassaumstände»
es vorgezogen hat, die projektierte Sparlampe gar nicht anzuschaffen; es soll also beim Fortbezug der 183 Mass Oel
bleiben, «wenn anderst sothanes Institut fortsetzen zu lassen
gefällig sein sollte».[42] Man könne aber statt der teuern
Kohlen die billigeren Torfkohlen zum Gipsbrennen benützen.
Auch sei es minder kostspielig, dem zeitlichen Direktor die
Verrichtung bei der Instandsetzung der Modelle zu übertragen,
als einen Formator mit 100 fl. anzustellen. Zur Beseitigung
des Oeldampfes, welcher der lernbegierigen Jugend «schwer
fällt», soll mit wenig Kosten ein perpendikularer Rauchfang
hergestellt werden, der das Weisseln der Decken erspart.
(Der Rauchfang kostet 100 fl., das Tünchen 23 fl. 54 xr.)[43]
— Auch ein Inventarium soll, sobald die Dienerschaft des
verstorbenen Herzogs von Pfalz-Zweibrücken, die in der Akademie einquartiert war, und nachdem die dahin geflüchteten
Möbel beiseite gebracht sind, endlich der Nummer nach auf-

genommen werden. Der bereits 1793 gegebene Auftrag war
wegen der Kriegsnöte mit andern Akten nach Neckarelz geflüchtet und inzwischen nicht ausgeführt worden. Die grösste
Verwirrung ist eingerissen! Die Hofkammerräte wissen nicht
mehr aus und ein in ihren Akten. Sie verwechseln Personen
und Dinge; sie bringen eine res judicata wiederholt zur Be-
handlung. So wollen sie z. B. die Kosten für Herstellung
der Aborte im Akademiegebäude Lamine aufbürden, obgleich
Verschaffelt schon einen ähnlichen Fall zu Lasten der Hofkasse
zur Entscheidung gebracht hatte, worauf sich Lamine denn
auch mit Erfolg beruft. Auch Kobell,[44] der der Kriegsnot
wegen mit der Lieferung von Gemälden im Rückstand geblieben und von seinen Pflichten durch Karl Theodor entbunden
worden war, wurde von der Hofkammer wiederum gedrängt,
seine Lieferungen einzuhalten, andernfalls seine Besoldung
eingestellt werde. Wo aber war der dirigierende Minister?
Oberndorffs Stellung war infolge des Verdachtes, dass er
Mannheim am 19. Sept. 95 verräterisch den Franzosen ausge-
liefert habe, unhaltbar geworden. An seiner Statt war Freiherr von Wrede kurpfälzischer Landeskommissär, der weder
in die künstlerischen Angelegenheiten eingeweiht war, noch
auch Zeit hatte, sich mit ihnen zu befassen. So blieb alles
wieder in den Händen der Hofkammer.

Durch das Bombardement, durch die seit Jahren vernach-
lässigte Instandhaltung des Akademiegebäudes, durch die zahl-
reiche Einquartierung, namentlich der Lazarettbehörden, die
der Akademie und ihren Bewohnern während der Kriegszeiten
zugefallen war, war das Haus selbst in einen ruinösen und
reparaturbedürftigen Zustand geraten.[45] Die Kompetenz wird
von der Hofkammer abgelehnt. Aber der sonst so geduldige
und nachgiebige Lamine lernte bei der zur Gewohnheit gewordenen Obstruktion der Hofkammer seine und der Akademie
Rechte verteidigen. Unter Einhaltung der strengsten Vor-
schriften, die nötigen Herrichtungen «mindest kostspielig her-
stellen zu lassen», werden die zusammenfallenden Abortgewölbe,
die unbrauchbar gewordenen Pumpbrunnen, das beschädigte
Dach und das Abzugsrohr für den lästigen Oeldampf im
Zeichensaal (1797) mit einem Kostenaufwand von ca 300 fl.

einigermassen in Ordnung gebracht, was sich bei gehöriger
frühzeitiger Reparatur auf etwa 150 fl. gestellt hätte.

Das Widerstreben der Hofkammer, für die nötigen Ausgaben aufzukommen, liesse sich gewiss rechtfertigen, wenn
man es in diesen Kriegszeiten auf wirkliche Sparsamkeit und
Einschränkung der nicht unbedingt nötigen Kosten zurück-
führen könnte. Allein die tiefern Gründe hiefür liegen eines-
teils in der absoluten Gleichgiltigkeit, ja Feindseligkeit gegen
das Kunstinstitut und seine Leiter, die, als dem Hofmeisterstab unterstehend, nur von diesem Befehle und Weisungen zu
empfangen hatten, also der Disciplinargewalt der Hofkammer
entzogen waren und nur finanzielle Beziehungen zur Hofkammer unterhielten. Auch möchte die Unabhängigkeit der
Akademie der Hofkammer, wenigstens einzelnen ihrer Mitglieder, ein schmerzlicher Stachel sein. Ihre eingreifende
Wichtigkeit und Bedeutung diesem Künstlervolk zu zeigen,
war eine gern gesuchte Aufgabe. Gelegenheit zu Zurecht-
weisungen, zu Vexationen boten sich bei der wirtschaftlichen
Abhängigkeit der Zeichnungsakademie von der Hofkammer
oft, und sie werden immer mit kecker Sicherheit von dieser
ergriffen. Zöge man nicht die durch derartige Eingriffe ver-
anlassten Kränkungen und Schädigungen einzelner Personen in
Betracht, so würden die von der Hofkammer beliebten Massnahmen eher lächerlich als ernst wirken. Die zum Betrieb
der Akademie und der Hofbildhauereiwerkstätte und zum
Unterhalt der Antiken-Sammlung nötigen Materialien wie 3
Ringe Seile, 2 Putzkübel, 1 Pferdeschwamm, 6 Borstenpinsel,
2 Hand-, 2 Haar- und 4 Reisig-Kehrbesen, Dinge, die zur
Reinigung der Fenster, Säle und Statuen bisher alljährlich in
mässiger Menge angewiesen worden waren, werden nun auf
einmal (1798) als Verschwendung empfunden und sollen eingeschränkt werden. Kurzerhand dekretiert die Hofkammer:
«Es wird hinreichend sein, wenn die 2 Wasserkübel, 2 Hand-
und 2 Haarbesen alle 3 Jahre, die übrigen Erfordernisse alle
5 Jahre abgegeben werden, statt wie bisher alljährlich.» —
Dass dementsprechend die Reinhaltung der Räume und Werk-
stücke ausfiel, lässt sich denken. Auch sollen künftighin statt
der etwas teuerern Nanziger Lichter die billigeren Mannheimer

verwendet werden, wie denn überhaupt der Verbrauch an Be-
leuchtungs- und Heizungsmaterialien steten Anlass zur «Mode-
rirung» gibt. Wenn eine Einschränkung des Verbrauchs nicht
mehr angeht, so werden die Preise moderiert, und es wird von
der Hofkammer verordnet, dass mit den Krämern hiesiger
Stadt wohlfeiler akkordiert werden solle, z. B. das *tt.* Lichter
von 34 auf 30 xr, die Mass Oel von 32 Batzen auf 28 Batzen.
Die wirtschaftlichen Einwirkungen der noch bestehenden Hof-
verwaltung auf die Preise der zu leistenden Lieferungen
kommen geradezu auf die Anordnung von Zwangskursen
hinaus.

Alle diese kleinlichen Mittel können aber den Untergang
der Akademie nicht aufhalten.

Die Gelegenheit, Aufträge zu erhalten und auszuführen,
ist den Professoren und andern Künstlern seit dem Wegzug
des Hofes benommen. Die Professorenstellen, deren mehrere
erledigt sind, werden nicht wieder besetzt, und die noch
lebenden akademischen Lehrer sind entweder indolent, wie
Lamine, oder alt und durch körperliche Gebrechen unbrauchbar geworden, wie Schlichten und Verhelst. Die Bevölkerung
Mannheims und der Pfalz hat nie ein inniges Verhältnis zur
Akademie und zu den Künstlern gehabt. Was von Einzelnen,
wie dem Hofrat von Klein oder dem Kunsthändler Artaria in
Auftrag gegeben wurde, diente eigensüchtigen oder rein kauf-
männischen Interessen, war also für die Kunstpflege in Mannheim und für die Heranbildung einer für die Kunst als leben-
spendendes Element empfänglichen Bevölkerung, welche die
künstlerischen Leistungen als Mittel, die Lebenswerte zu
steigern, schätzte, nur von nebengeordneter oder untergeordneter
Bedeutung.[46]

Die Kriegsdrangsale lasteten schwer auf der Stadt; ihr
Schicksal schien ungewiss. Der Krieg mit seinen bedrückenden
und lähmenden Schrecken und Fährlichkeiten beunruhigte das
ganze untere Rheinthal. Fortwährende Einquartierungen und
Belagerungen saugen die Kassen des Einzelnen, wie der
Stadt- und Landesverwaltung aus. Das Wort Ausgabe ist fast
so schrecklich, wie der Krieg selbst. Sparen klingt wie eine
Friedensbotschaft. Nur durch die merkwürdigsten Schiebungen

und Gebahrungen kann das sinkende Staatsschiff in der Pfalz über Wasser gehalten werden.

Der Hofkammer, die andauernd über den «elenden Kassenstand» zu klagen hatte, ist das freie Verfügungsrecht der Akademie über die Erträgnisse der 2000 fl. nicht genehm. Sie wünscht eine genauere Feststellung ihrer Verwendung. Die bevorstehende Inventarisierung gibt Veranlassung zu entsprechenden Vorschlägen an das Obristhofmeisteramt. Zunächst scheint es ihr, da die Verbriefung im Inventar «individualisiert» werden soll, wünschenswert zu wissen, «wie, wo und wann das Kapital im Ganzen oder parcellen Obligationen ausgeliehen worden» und ob für die Zukunft alljährlich über Einnahmen und Ausgaben nicht Rechnung abzulegen sei, wobei allerdings über die Zuständigkeit der Rechnungsabhör noch entschieden werden müsse. Wenn die ausstehenden mehrjährigen Zinsen mit etwa 500 fl. eingetrieben werden könnten, so wäre ihre Anlage, vielleicht zu Gunsten der Akademie, ins Auge zu fassen.[47] Das Obersthofmeisteramt verhält sich aber auf alle diese Anregungen durch Stillschweigen ablehnend, und so bleibt die Sache auf sich beruhen.

Was die wohlmeinendsten Ratschläge Lamines in früheren Jahren nicht zustande gebracht haben, reifen jetzt die verzweifelten Verhältnisse. Die Not gibt seinen Worten Gewicht. Im Jahr 98 wiederholt Lamine die Bitte, einen Formator anzustellen, um die kostbaren antiken Statuen und Formen zu erhalten, andernfalls die Aufstellung eines Inventars unmöglich sei.[48] Da die Statuen nicht aus einem Stück bestehen, sondern nach dem Guss zusammengesetzt werden müssen, da die Formen nicht in gehöriger Ordnung und zum Teil verwahrlost sind, muss vieles ausgebessert oder ausgeschieden werden. Wer hiezu die nötigen «artis» nicht besitzt, kann mit Nutzen nicht gebraucht werden. Die Anstellung eines Formators ist also von grösster Wichtigkeit. Da die Zeichnungsakademie kaum mehr von Scholaren frequentiert wird, so kann vielleicht das übrige Personal wegen schlechten Kassenstandes beschränkt werden. Zu einem Bericht aufgefordert, in dem er sich über Abschaffung des einen Modells oder beider äussern soll, hält sich Lamine für nicht zuständig. Er meint, der Nutzen des Kur-

fürsten erheische die Besetzung der Formatorstelle. Die Entscheidung, welches von den zwei Modellen entlassen werden
solle, müsse er sich, «weil es nichts minderes als Brot verlust
ist, gehorsamst und inständigst verbethen, weilen hier besondere Zuneigung oder sonst nebenabsichten ohnmöglich statt-
finden können. Loosen würde vielleicht hierin nicht dass
unschicklichste entscheidungsmittel sein.» — Lamine ist also
vollständig objektiv bei der Entlassung eines der Modelle.
Auf wiederholtes Drängen schlägt er vor, dasjenige der Modelle, das keine Familie hat, zu entlassen.[49] Da dessen Besoldung 240 fl. beträgt und der Formator mit 160 fl. anfangen
könne, so wären zu Gunsten des Aerars noch 80 fl. einzuziehen.
Ja, Lamines Anerbieten geht so weit, dass er die Zinsen der
von Karl Theodor gestifteten 2000 fl. zu Gunsten einer Pension
von 50 fl. des entlassenen Modells preisgibt, während sie doch
dem Herkommen gemäss zu Ausgaben, die von der Generalkasse nicht angewiesen sind, verwendet werden sollen. Dieser
Lamine'sche Vorschlag gibt nun der Hofkammer die gewünschte Veranlassung, sich um die Natur der 2000 fl. zu
erkundigen. Lamine gibt darüber Auskunft: Während des
Verschaffelt'schen Direktorats sind die 2000 fl. ohne die
mindeste Weisung vom Kurfürsten der Zeichnungsakademie
geschenkt worden.[50] Seitdem hatte man die Erträgnisse daraus
teils zur Bestreitung der laufenden Ausgaben, teils auch unter
die benötigtsten Professoren ausgeteilt. Nach Aussage des
verlebten Verschaffelt war es bei der Schenkung der ersten
2000 fl. die gnädigste Absicht des Kurfürsten, der Akademie
zehn Jahre lang jährlich 2000 fl. zukommen zu lassen. Aus
den Erträgnissen der 20.000 fl. hätten die Gehalte des Direktors und der Professoren reguliert werden sollen. Es blieb
aber bei den 2000 fl., und die Akademieprofessoren haben
ihr Amt bisher mit grösster Willigkeit unentgeltlich versehen.
Nur um 100 fl. aus nicht gebrauchten Zinserträgnissen ist
das Stiftungskapital vermehrt worden. Die übrigen Zinsen sind
seit mehreren Jahren, wahrscheinlich seit Beginn des Krieges,
nicht eingegangen und belaufen sich auf ca 500 fl. Der oben-
erwähnte Oberhofmeisterstab bestimmt nun infolge eines kurfürstlichen Reskripts auf die Vorschläge Lamine's, dass Jos.

Kienzler mit 160 fl. Gehalt als Formator angenommen werden
solle; ein Modell ist mit 50 fl. Pension zu entlassen, 30 fl.
sind ad aerarium einzuziehen, da die Verwendung der Zinsen
des Sliftungskapitals als für laufende Ausgaben bestimmt,
nicht zu andern Zwecken zulässig ist.[51] Aber schon die Aussicht, dass eines der beiden Modelle entlassen werden könne,
lässt diese sich verbünden, und in der Art dieser Leute suchen
sie mit Verdächtigungen, Lamines Ehrenhaftigkeit in Frage zu
ziehen. Das hinterlistige Gebahren der Modelle wäre nicht
erwähnenswert, wenn es nicht einen Einblick in die Verhältnisse gewährte, wie die Hofkammerdirektion gegen die kurfürstliche Akademiedirektion gesinnt war.

Hofkammerdirektor war zu dieser Zeit Lionard. Wider
allen amtlichen Brauch und Auftrag, ja, wider Recht und
Gerechtigkeit greift er eigenmächtig in die Verhältnisse ein.
Im Grunde ist es Lionard nicht um die Erforschung der
Wahrheit, sondern um einen persönlichen Erfolg, um eine
Rechthaberei zu thun.

Die vor Lionard erschienenen Modelle Val. Henrich und
Seb. Hermann erklären,[52] dass man einen von ihnen entlassen
und noch dazu dem Aerar eine Ersparnis verschaffen wolle;
dies geschehe nicht aus ökonomischen Gründen, sondern weil
Lamine seinen Gevattermann Kienzler (Kinzler, auch Künstler)
unterbringen wolle. Ein Formator sei, wenn man die Sache
gehörig untersuche, nicht nötig. Denn Lamine habe ohne
Wissen der Kammer die meisten Formen zerschlagen und 150
Karren zerschlagener Formen wegfahren lassen. Das Formier-
wachs habe Lamine für sich behalten, das Eisen an den
«Menonisten Graef» und die abgängigen Seile an Zimmer-
meister Roth verkauft. Einen Brennofen habe Lamine zu-
sammengerissen und 8 Kastenkarren voll Backsteine an Maurermeister Kissel verkauft. Zudem habe Lamine das Akademiehaus zu einer Kaserne gemacht. Ausser der Familie des
Direktors wohnen der Formator Kienzler, die Fratrel'sche
Familie und der Bildhauer Ohmacht in der Bildhauerei. Von
den für Akademie und Werkstatt bezogenen 30 Wagen Holz
verbrauche der Direktor kaum 5 Wagen, da der Ofen in der
Werkstätte seit 84 herausgerissen sei und die Akademie selten

geheizt werde. Das übrige Holz habe Lamine zu seinem
Nutzen verkauft, dabei noch Modellierstühle und Böcke, sowie
Leitern auf dem Speicher zusammengeschlagen, um Brandholz
zu sparen. Von den 150 *tt.* Unschlittlichtern sei seit 84 kein
Stück verbrannt, von den 183 Mass Baumöl sei jedes
Jahr nur eine kleinere, bis zur Hälfte herabgehende Menge
gebraucht worden; die 30 Mass Leinöl aber habe der Direktor
nie gebraucht, sondern wie das übrige Oel gegen Kaufmanns-
waren (Zucker, Kaffee etc.) eingetauscht. Auch die 30 fl. für
Kohlen seien in die Tasche des Direktors gewandert. Die
grossen Vorhänge in der Werkstätte seien zu Strohsackbezügen
umgewandelt worden. Die Reinigungsgegenstände, wie Kübel,
Besen, Pinsel und Schwämme, seien zum Teil nicht angeschafft, zum Teil im Haushalt des Direktors verwendet worden,
bei dem auch ein Modell hätte täglich Dienst thun müssen.

Lionard hatte die obigen Klagen der Modelle zu Protokoll
genommen und dem Kammerrat Hartmann mit dem Auftrag
übergeben, Lamine Punkt für Punkt darüber zu vernehmen
und seine Anträge zu stellen. Lamine war das Lionard'sche
Vorgehen denn doch zu stark. Zum ersten Mal fühlt er den
Mut, sein persönliches Recht zu verteidigen und geltend zu
machen. Er wagt es sogar, der Vorladung vor die Hofkammer zuwiderzuhandeln und sein Erscheinen zu verweigern.
Im Gefühle seines Rechts und seiner Schuldlosigkeit gegenüber den Verdächtigungen seitens der Modelle motiviert er
diese Haltung mit dem Bemerken, dass er nicht unter der
Hofkammer, sondern unter dem Oberhofmeisterstab stehe. Zunächst wendet er sich in einer Immediateingabe vom 11.
September an den Kurfürsten, um das Gesetz- und Ordnungs-
widrige Lionards zu kennzeichnen. Er schreibt:

«Seit Verlauf von 5 Jahren (seit der Anstellung) werde
ich nun gegenwärtig in dieser meiner Dienst-Stelle auf die
empfindlichste Art an meiner Ehre gekränket, indem der
beynahe öfentlichen Sage nach mir Dienst-Gebrechen aufge-
bürthet worden seyn sollen, die nach ihrem Ursprunge zwar
von der niedrigsten Menschen Klasse herrühren, und bey
meinem innern Bewusstseyn nur lügenhafte Verleumdungen
der Bosheit und Missgunst seyn können, zu deren schnellsten

Berichtigung aber mich das Gefühl der beleidigten Ehre auf-
fordert.

Die beyden unter meiner eigenen Willkür stehende Modelle
nemlich (vielleucht weil gegenwärtig einer als unnütz zur
Einschränkung und wegen eines Höchst nothwendig an-
zustellenden formator abgeschafft werden solle) haben im
Unwillen und der Ungewissheit, wenn die Reihe treffe, ihre
Zuflucht zu Höchst dero Hofcammer directoren Lionard genommen, wo dieselben im wüthenden Eifer verschiedene Dinge
gegen mich aussagen, die sich mit den Pflichten eines treuen
Dieners, folglich mit meinen Grund-sätzen nicht vertragen.

tit. Lionard nun, statt diese Aussagen nach ihrem gehalt
zu würdigen, und bey allenfalsigen Drang seiner Pflicht als
Staatsdiener nach näherer Ueberzeigung die Anzeige Höchsten
Orten zu meiner Rechtfertigung zu machen, beliebte ohnbe-
rufen diese leuthe förmlich cidiren zu lassen, ihre Verläumd-
ungen zu protocoll nehmen und veranstaltete, so nach bey
Churpfälzischer Hofcammer die Verfügung, nicht, dass ich
hierüber wie im äussersten Falle zu vermuthen wäre, bericht-
lich gehöret, sondern meinen untergeordneten Modellen gegenüber ad protocollum vernommen werden solte. Obwohlen ich
nun, was der tit. referent in dem Eifer übersehen zu haben
scheinet, als von Churfürstlicher Hofcammer unabhängig ohnehin diessem Befehl ohnmöglich nachleben könnte, so ist die
Sache durch Hülfe meiner zu früh triumphirenden Verläumdern
und ihrer Stütze zu sehr dem allgemeinen Gerede ausgesetzt,
als dass ich, so sehr ich auch jene verachte, diese ihren un-
geeigneten Weeg fort schleichen lassen solte, ohne zur Rettung
meines hiedurch gemisshandelten Rufs die Hülfe Eurer Churfürstlichen Durchlaucht unterthänigst anzuflehen.»

Wegen der «unanständigen Verweigerung gelegentlich
Erörterung einiger ökonomischer Gegenstände sich informativ
vernehmen zu lassen,» (nicht inquisitorisch) wie es in der Beschwerde der Hofkammer an den Oberhofmeisterstab heisst,
verlangt jene, in ihrer Eigenschaft als repräsentatives Kollegium
gekränkt, bei diesem Genugthuung. Allein der Oberhofmeisterstab beruft sich darauf, dass «die Verfassung der Hofstäbe nach
Churfürstlicher Verordnung vom 25. Juni 96 bis jetzt noch

bestehet und das dahin gehörige Personal der Churfürstlichen Hofkammer in jurisdictionalibus wenigstens noch zur Zeit nicht untergeben ist». Man hätte also gewünscht, «dass der nunmehr eingeschlagene Communicationsweg anzugehen und dabei die Ursache der Erscheinung zu eröffnen früher gefällig gewesen wäre, um zu ermessen, wiefern dem Lamine solche unbeschadet seiner Privilegii fori zugemutet werden möge. Gleichwie aber derselbe dermal wegen dieser Vorladung sich beschwerend gemeldet, sohin die gnädigste Entscheidung vorerst zu erwarten stehet, ist man dadurch in die Notwendigkeit versetzt, die diesseitige Willfahrigkeit bis zu weiterem Erfolge auszusetzen.»

Lamine hatte unter 15. September sich beschwerend an das Staabsamt gewandt, die ihm aufgebürdeten Dienstgebrechen als boshafte Denunziation bezeichnet, um Abberufung des Lionard'schen Protokolls und um Anhörung seiner Verteidigung gebeten.

Die unziemliche Eile der sonst nicht allzu schnell arbeitenden Hofkammer ist hierdurch in feiner Weise vom Oberhofmeisterstab verurteilt worden. Allein diese Zurechtweisung hielt Lionard in «seinem wütenden Eifer» bei Verfügung der einmal aufgenommenen denunziatorischen Anklagen nicht zurück.[55]

Viel besser als alle Darstellungen des Ganges der Dinge schildern die Akten selbst, denen nun öfters das Wort gegeben sein soll, die Lage und Wendung der Angelegenheit.

Lionard hatte den Vorgang und die Anklage einem der Räte zur Bearbeitung übergeben. Da Soeldner, der ältere Rat, zufällig erkrankt war, so erhielt Freiherr von Hartmann den Auftrag, den Bericht an das Obristhofmeisteramt über das Verhalten und die Dienstgebrechen Lamines anzufertigen. Von der Einleitung des Berichtgebers, dass das Verhalten Lamines ungeziemend gewesen sei, muss einiges in die Oeffentlichkeit gedrungen sein, denn Lamine legt, ehe noch das Referat Hartmanns erstattet ist, am 22. September dem Kurfürsten sein Verhalten selbst vor.

In seiner Bestürzung, dass man sein Nichterscheinen auf die Citation der Hofkammer hin, als ungebührliches und respektwidriges Betragen ihm zur Last lege, betont er, dass er qua non literatus jeder Form unkundig und den ihm zur Last gelegten Fehler umso weniger mit gutem Bewusstsein begangen haben könne, als solches Betragen seinem Charakter widerstrebe. Er schildert dann den Vorgang lebhaft, wie folgt:[54]

«Als sich der Bothe Lehnhardt am 11. ds. mitt seinem Auftrage dem Hause näherte, rief er von der Strasse meiner am Fenster stehenden Tochter zu, ist der Vater zu Hause? auf die Antwort nein, sprach er sie mögte mir sagen, dass ich des andern Tags unfehlbar um 10 Uhr bey Hochl. Hofkammer zu Erscheinen habe, dies ward mir ausgerichtet.

Des folgenden Tages pto 10 uhr ward die Hausschelle angezogen, und kaum liess ich mich am Fenster sehen, als mich der Bothe ebenfals von der Strasse herauf fragte, ob ich kommen werde, wohin, war meine Frage, auf die Hofkammer, erwiederte Er, nein, war meine Antwort, weil ich nicht unter Hochlöbl. Hofkammer stehe, so werde ich nicht Erscheinen. Den versammelten Herren meinen Respect, also und nicht um eine Silbe anders verhält sich die ganze Sache.

Sollte es sich nun dennoch bestätigen, dass ich mich unanständig betragen, welches demnach durchaus nicht mit dergleichem Vorsatze, sondern bloss aus Mangel besserer Belehrung geschehen, so bitte hiermit Hochlöbl. Hofkammer förmlich und feyerlig meines begangenen Fehlers wegen um gütige Vergebung und beharre etc. etc.»

Dieses Schriftstück enthob das sich provoziert fühlende Kammerkollegium der «vorbehaltenen Ahndungs-Ansprache.»

Am 30. September 98 erfolgt der Bericht von Hartmann an das Hofkammerkollegium.

Mit dem Augenblick, da Freiherr von Hartmann in die Angelegenheit eingreift, wird sie wieder auf die Basis der Gerechtigkeit und Billigkeit gestellt. Er zeigt sich in dieser durch die Voreingenommenheiten seines Direktors Lionard verwirrten und jedem Gefühl der Billigkeit hohnsprechenden Sache als ein wahrer «Rat» des Staates, nicht blindlings als ein Anwalt des Staates auf Kosten seines Dieners. Man darf den Zufall, dass Soeldner, dem Lionard die Bearbeitung der

Denunziation seitens der Modelle übertragen wollte; krank
war, als einen glücklichen bezeichnen. Soeldners schwache
Art, Dinge und Verhältnisse zu klären, ist aus mehreren
Aktenstücken ersichtlich. Nie, dass er sich bestimmt formu-
liert und als Referent sich entschieden für oder wider eine
Auffassung ausspricht. v. Hartmann aber hat den Mut, seiner
Ueberzeugung auch gegen die so sehr gewünschte Meinung
seines Vorgesetzten Ausdruck zu geben. Noch mehr, er sieht
in dem inkriminierten Künstler nicht von vornherein den
Schuldigen, sondern den Schutzbedürftigen, den Rechts-
suchenden. Das Recht zu suchen, war sein Ziel, und sollten
darüber auch alte Bande der Dankbarkeit und Freundschaft,
der Unterordnung und Ergebenheit gelöst werden müssen.
Das unerschütterliche Fundament seines Handelns ist Gerechtigkeit, und die Wege, auf denen er den Fall der Entscheidung zuführt, sind die vornehmer Objektivität. Ohne jegliche
Voreingenommenheit gegen Lamine, der ihm «in Hinsicht
seiner Kunststelle jeder Geschäftsform verzeihlich unkundig»
erscheint, prüft er die Reskripte und Thatsachen. Mit feinem
juristischem Sinn scheidet er in seinem (oben erwähnten)
Referat vom 30. September 89 die Anklagen in solche, die
sich auf Dienstvergehen richten, und andere, die sich auf die
Besoldungsabgaben beziehen. Für jene ist zur Untersuchung
und Entscheidung nicht die Hofkammer, sondern der Oberhofmeisterstab zuständig. Ueber diese, soweit sie die Bezugs-
und Verwendungsbefugnisse Lamines betreffen, müssen die
einschlägigen Reskripte Aufschluss geben. Die dem Referenten
vorliegenden Reskripte bestimmen bloss die zu Verschaffelts
Zeiten angewiesenen Abgaben, sind also jetzt nicht mehr ein-
schlägig, da sie durch Lamines Ernennungs- und Besoldungsreskript vom 27. Mai 93 aufgehoben sind. Dieses Bestallungs-
reskript bestimmt aber für Lamine: Gehalt 800 fl. unter
Z u w e n d u n g der zum Behuf der Werkstätte abgegeben
werdenden Holz- und Lichterquantität und des Genusses des
freien Quartiers. Der gebrauchte Ausdruck der «Zuwendung»,
die Stelle in einem die Akademieverfassung nicht betreffenden
Reskripte, sondern im Besoldungsreskript des neuen Direktors,
zudem noch mitten unter zwei andern ihm verliehenen Be-

soldungsteilen und der Umstand, dass bei dem zugleich verfügten Einzug von 700 fl. und der Fourage auf zwei Pferde aus der Verschaffelt'schen Besoldung sich Lamines Bezüge geringer gestalten, als die seines Vorgängers, sind für von Hartmann Gründe genug, zu schliessen, dass es die Intention seiner Churfürstlichen Durchlaucht gewesen sei, die Naturalien an Holz und Lichtern als einen Besoldungsteil Lamines zu erkennen, so dass weder von einer missbräuchlichen Verwendung des nach Bestreitung des Akademieaufwandes übrigen Betrages, noch von einer Beschränkung und noch viel weniger von einem Ersatz zu sprechen ohne gewaltsame Interpretation des Reskriptes rechtlich möglich sei. Anders verhält es sich aber mit den für die Akademie zu verabreichenden 183 Mass Oel und den 3 Kasten Kohlen, die nicht im Besoldungsreskript erwähnt, sondern nach Lamines eigenen Anträgen in einem besonderen Reskript unterm 7. Mai 95 zur Beleuchtung des Lehrsaales und zum Gipskochen angewiesen sind.

Unter Zusammenfassung seiner Ausführungen kommt v. Hartmann zu dem Schluss und Antrag:

1. Die denunzierten Dienstgebrechen an die zuständige Stabsbehörde zu verweisen;

2. Die bisher geleisteten Holz- und Lichterabgaben zu belassen;

3. über etwa mögliche Beschränkung des Oel- und Kohlenbedürfnisses sich mit Lamine zu benehmen, und

4. den ganzen Verhalt Seiner Churfürstlichen Durchlaucht vorzulegen.

Dieser Bericht — ganz und gar nicht der Erwartung Lionards gemäss — hat zunächst zur Folge, dass in der Kollegialsitzung der Hofkammer vom 2. Oktober den v. Hartmann'schen Anträgen gemäss Vorlage an den höhern Stellen beschlossen und von der Einstellung der Holzlieferung, wie sie beabsichtigt war, Umgang genommen wurde, «um einen Prozess nicht mit einer Execution zu beginnen».[55]

Das Kameralinteresse stand aber mit den Angaben der Modelle in Verbindung. Es war nach der Meinung der Hofkammer im Benehmen mit Lamine noch zu untersuchen, ob und inwieweit das Kameralinteresse durch den Oel- und

Kohlenverbrauch geschädigt worden sei, insofern der Ueber-
schuss über den Bedarf für Dienstzwecke hinaus vielleicht dem
Aerarium statt dem Direktor Lamine zufiele;[56] darüber sollte
auch eine höchste Entscheidung eingeholt werden. Die Leiden-
schaftlichkeit Lionards ging aber so weit, dass er eigenmächtig
und ohne Wissen und Zustimmung des Kammerkollegiums
den Fortbezug des Holzes und der Lichter sistierte, wogegen
Lamine am 26. Oktober Einsprache und Beschwerde beim Kurfürsten erhebt.[57] Das hiedurch ebenfalls angesprochene Stabs-
amt übergibt der Hofkammer daher am folgenden Tag die vom
Kurfürsten auf den Bericht vom 2. Oktober erlassene Weisung
und verfügt zugleich, «dem tit. Lamine das Holzquantum nach
dem Höchsten rescript vom 27. Mai 93 in der bestimmten
Wagenzahl, besonders bei bevorstehenden Zeichnen-Lehrstunden
und habenden herrschaftlichen Arbeiten abgeben zu lassen,
sohin keine Einhaltsverfügung vor der Hand zu thun, sondern
in der Hauptsache die Höchste noch folgen werdende Entscheidung in diesem wie in andern dergleichen Fällen abzu-
warten.»

Lionard war, in starrsinnigem Festhalten an seiner vor-
gefassten Meinung, aber nicht unthätig gewesen. Er mochte
wohl erkannt haben, dass, auf Grund des von Hartmann'schen
Referates, die Mehrzahl der Kammermitglieder seinen Absichten
nicht zustimmen werde. Wenn noch ein obsiegendes, ihm
günstiges Urteil zu erreichen war, so konnte es nur auf dem
Wege erlangt werden, dass der betreffende Besoldungspassus
zu Gunsten seiner Auffassung interpretiert wurde und auch,
dass thatsächliche Veruntreuungen und Dienstwidrigkeiten
während Lamines Direktion aufzufinden waren. Für beide
Fälle erhielt Lionard scheinbare Hilfe.

. Am 14. November erheben die Modelle erneute Beschwerde,[58]
indem sie behaupten, Lamine behandle sie mit schlimmen
Schimpfworten, weil sie die reine Wahrheit sagten. Ferner
klagen sie Lamine des Verbrauchs herrschaftlichen Marmors
an, und zwar habe Lamine von diesem Material gebraucht für
einen Grabstein der verstorbenen Frau Uhlenbroich, für eine
Säule nach Frankfurt und zwei Verschläge, von denen sie
keinen Bestimmungsort angeben können. Ausserdem habe er

aus der Cisterne den Pumpenstock herausgerissen und einen
Vorhang von 50 Ellen Länge zerschnitten und verbraucht.
Zum Zeugen dieses rufen sie auch den Schwiegervater V.
Henrichs, das ehemalige Modell Jac. Drexler auf, den wir aus
einer frühern Beschwerde schon kennen. Vor allem aber verlangen sie, Lamine habe sie mit «solchen schimpfworten (wie
dummer als ein Hund) ruig zu lassen, wo doch jeder von
unss 4 un Erzogene Kinder hat.» — Es bedarf im Grunde
keines besonderen Hinweises, dass die Modelle gerade jetzt im
·Augenblick der Lionard'schen Verlegenheit wieder mit neuen
Klagen auftauchen und noch einen schon berüchtigten Zeugen,
den alten Säufer Drexler, mitbringen. Man wird kaum fehlgehen, wenn man in dieser erneuten Denunziation Lionards
Werk ahnt.

Inbetreff der oben erwähnten Interpretation hat Lionard
selbst einen Zug gethan. Er begab sich zu dem in Neckar-
hausen wohnenden dirigierenden Minister von Oberndorff, besprach von seinem Standpunkt aus die Angelegenheit mit ihm
und nahm die seiner Auffassung günstige Erläuterung des
Lamine'schen Annahmereskriptes mit nach Hause. Mit Hilfe
dieser Erläuterungen bestimmt er die Hofkammer, die v.
Hartmann'schen Anträge, Lamine das Holz und die Lichter
als Besoldungsteil zu überlassen, abzulehnen, indem sie im
Sinne Lionards, ihres Direktors, protokollarisch niederlegt,
dass sie sich «vordersamst bewogen gefunden. die nötig er-
scheinenden Erläuterungen des tit. Lamine'schen Annahme-
Reskriptes vom 27. Mai 93 einzuholen» und fortfährt: «Der
dirigierende Minister Reichsgraf von Oberndorff praecisirt als
wahren Inhalt und Ausdruck genannten Rescripts, dass dem
Lamine das Holz etc. nur allein zum Behuf der Werkstatt
und in wie weit solche zu genanntem Gebrauch erforderlich
zugewendet und in keinem Wege aber als eine Besoldung
entweder zu eigenem Hausgebrauch oder zum Verkauf zuge-
standen, sondern was nicht verbraucht ad aerario verbleiben
und heimfällig sein solle.» — Die Hofkammer wird — wie
ferner beigefügt ist — demgemäss einberichten und eine um
so schleunigere Höchste Entschliessung erbitten, als durch
täglichen Verzug das Aerarium Schaden erleidet.

Die Sitzung, in der diese Beschlüsse gefasst wurden, mag
nicht wenig stürmisch gewesen sein, und wäre v. Hartmann
nicht der starke und lautere Charakter, der vornehm und
gerecht denkende Mensch und Edelmann und der scharfsinnige
Jurist gewesen, so hätte er sich dem Beschluss der Kammer
anbequemt und — die Intrigue hätte wieder einmal über das klare
Recht obsiegt und der Künstler hätte das Nachsehen gehabt.
von Hartmann hat noch in derselben Sitzung Protest gegen
das eingeschlagene Verfahren und den eiligen Beschluss erhoben und seinen Abgang aus dem Kollegium in Aussicht
gestellt, wenn der Beschluss der Hofkammer höheren Orts
einberichtet werde. Der Entschluss, die von ihm und mit ihm
vertretene Sache von der des Kollegiums zu trennen und die
von ihm verfochtene Rechtsauffassung nötigenfalls auf eigene
Faust durchzuführen und lieber seine Stellung aufs Spiel zu
setzen, als vor einer rechthaberischen Willkürlichkeit zurück-
zuweichen, ist ein Lichtpunkt in den mancherlei Widerwärtigkeiten und Niedrigkeiten, die von der Hofkammer gegen die
Zeichnungsakademie ihren Ausgang genommen haben.

Die energische Haltung v. Hartmanns in der Sitzung be-
wirkt wenigstens, dass ihm noch am selben Tag (27. November
98) die Protokolle und Akten wiederum zugestellt werden,
«um in proxima seine hierunter geäusserten Anstände und
Erinnerungen in consilio in Vortrag zu bringen und das Geeignete anzutragen».

Unterm 30. November wird sein Bericht vorgelegt. Ohne
ein Wort zurückzunehmen oder zu modifizieren, hält er den
ganzen Inhalt seines ersten Referats aufrecht: dass Holz und
Lichter als ein dem Lamine zugewendeter Besoldungsteil anzusehen, somit keiner Beschneidung oder Einziehung zugänglich sei, dass dagegen inbezug auf Oel und Kohlen, die Lamine
in späterem Reskript zugesprochen worden seien, er einer
Beschränkung unterworfen werden könne. Die Schlussworte
des glänzenden Berichtes suchen dem vorgesetzten Gegner
eine goldene Brücke zum Rückzug zu schlagen, lassen aber
auch den Kampf ahnen, der sich zwischen Lionard und v.
Hartmann in der Lamine'schen Sache abspielen sollte. Denn
im Grunde erhebt sich der Streit über das nur kamerale

Interesse hinaus in die Region der staatsmännischen und der persönlichen Weltauffassung.

Der Schlusspassus lautet :

«Uebrigens empfiehlt dieser gegenwärtige Fall wieder allen Reskript- und Bestallungsverfassern um so mehr die gewünschte Präcision, und deutlichste Bestimmtheit in den Verleihungs- und Anweisungsausdrücken, als selbst der bestimmteste Ausdruck der Zuwendung sich von der nach der Tagesordnung stehenden operation der Beschneidung und Einziehung kaum zu retten vermag, Einer operation, welcher unser schwankender Besoldungsstatus und der vormahlige rescribenten Grundsatz der zweideutigen Sezungsart, und absichtlichen Doppelsinnigkeit einen reichhaltigen Stoff darbietet, in dieser Hinsicht bei der vorwaltenden Collission der doppelten Noth des Staates, und seiner eigentlichen Diener, man sich wohl zu hüten hat, dass man Ihn nicht mit einseitiger Hize für den dürftigen Cassae Zustand ausspüre und mit vernachlässigter Rücksicht auf den dürftigen Dienerstand bearbeite. Während man an den bedeutendsten Verschwendungs rubriques grösserer Behörden schüchtern vorüberschleicht und, statt sich dem grossen und verdienstvollen Werke eines, nach Masstabe des Innern Dienst- und äusseren Zeitverhalts einzulegenden Besoldungs-Sistemés zu widmen, sich lieber mit dem kleinsten und unwürdigsten Finanz Palliativen einzelner Abschwächungen befasse, und so dem leidenden Ganzen durch Kränkungen des Details helfen zu können, und helfen zu dürfen, glaube.» —

Lionard hat aber die Gelegenheit, seinen Rückzug zu nehmen, nicht verstanden oder nicht verstehen wollen. Das, was v. Hartmann's klare, nur logisch und rechtlich zu widerlegende Beweisführung für Lamine ausgesprochen hat und was am Schlusse zu Gunsten einer würdigen Auffassung der Pflichten eines Staatswesens vom Referenten gesagt worden war, fasst Lionard als persönlich gegen ihn gerichtete Anfeindung auf, die er erdulden müsse. Ja, er hat sogar die Stirne, in einem eigenen Bericht an den Kurfürsten es auszusprechen, sein Interesse für die Hofkammer und sein guter Wille sei «mit so schmerzlicher Empfindung abgewiesen worden, dass sein Diensteifer für einige Zeit erkalten müsse.

Der in Frage stehende Holzbezug sei bei gegenwärtigen betrübten Zeiten kein kleiner Gegenstand und der dermalige Nothstand liege ihm allzu sehr am Herzen, als dass er dabei gleichgiltig sein könne.» (30. November 98).

Aber noch mehr! Nicht nur, dass Lionard den Bericht vom 27. Oktober von dem Kammerkollegium ohne Auftrag urgiert und durch die Oberndorff'sche Erläuterung beeinflusst hatte, er hatte auch das v. Hartmann'sche Referat vom 30. September entstellt, indem er an entscheidender Stelle das Wort «vermeintlich» in den Hartmann'schen Bericht eingeschoben hatte.

v. Hartmann legt nun (am 30. November 98) rücksichtslos die Lionard'schen Winkelzüge auf — und Lionard hatte seinen Gegner in jeder Beziehung unterschätzt. In glänzender Darlegung weist Hartmann nach, warum der «Nachtragsbericht» des Hofkammerdirektoriums vom 27. Oktober nicht erlassen werden kann:

1. weil die Hofkammer das Anstellungsreskript Lamines vom 27. Mai 93, welches fünf Jahre keinem Widerspruch ausgesetzt war, gelegentlich ungeeignet vorgebrachter Beschwerde der höchsten Interpretation unterstellt hat;

2. weil eine legale authentische Interpretation nur dem Kurfürsten zusteht, welcher Inhalt und Exekution mit seiner Unterschrift sanktioniert hat und es auf den Sinn des Erlassers (Karl Theodors), nicht des Verfassers (Oberndorffs) ankommt;

3. weil es in dem Ermessen des Kurfürsten liegt, ob es der Hörung des zur Zeit des Erlasses dirigierenden Ministers bedarf oder nicht.

Im ersten Fall ist der projektierte Bericht ein unziemendes Vorgreifen, im letzteren ist das ganze Projekt des Berichtes unnötig und überflüssig. Ausserdem ist es ein Widerspruch, am 2. Oktober die höchste Interpretation zu erbitten und sie acht Wochen darauf in einem Nachtragsbericht provisorisch selbst zu erteilen. Das Kollegium kann nur eine doktrinale Interpretation geben und diese ist durch eine Combination von Gründen ohne Zwang aus der Sprache selbst und aus dem Zusammenhang der Sache bereits am 30. September vom Referenten gegeben.

4. Das Cameraldirektorium war zur Einholung des Berichtes vom 27. und 30. November nicht beauftragt; die projektierte Vorlage ist also nicht nur ein Privatschritt, der dem Beschluss vom 2. Oktober zuwider läuft, sondern auch ein gegen die Praesidialversammlung offenbar verstossender inconstitutioneller und dem repräsentierenden Collegium benommener Schritt, wie auch die Oberndorff'sche Erklärung im gegenwärtigen Zeitpunkt als die zudem noch befremdliche Aeusserung eines Privatmanns aufzufassen ist. Die Hofkammer sollte sich hüten, wenn sie ihre Würde und Unbefangenheit wahren will, sich dem Verdachte auszusetzen, höchste Interpretation zu erschleichen oder zu erpressen.

5. Weil sein Antrag vom 30. September durch die Einfügung des bedeutenden und widerstrebenden Wortes «vermeintlich» entstellt worden ist, insofern dadurch das nach seiner Ansicht unbedingte Besoldungsstück Lamines für ein bedingtes erklärt würde.

Aus diesen Gründen müsse der Abgang des projektierten Berichtes unterlassen werden; andernfalls seien auch seine Anträge beizulegen. Wegen der Entstellung seines Berichtes trägt er, da sein Vortrag einer Kopie, nicht aber einer Metamorphose unterworfen sei, auf einen Verweis an, nicht für seine Person, sondern für die Reinheit und Unantastbarkeit des ganzen Collegiums.

Das reinigende Gewitter hat damit seinen Höhepunkt erreicht. In der feinen Art Karl Theodors erfolgt am 17. Januar auf die Lionard'sche Vorstellung vom 30. November von München aus die Weisung, nach vorher genommener Auskunft mit v. Oberndorff, einen ausführlichen Bericht unter Vorlage sämtlicher darüber vorhandenen Akten über die ganze Angelegenheit einzusenden.

Von diesem Vorgang muss Lionard frühzeitig Kenntnis erhalten haben. Ihm mochte bei v. Hartmanns Verweisantrag jetzt doch unbehaglich zu Mute werden. Am 31. Januar 99 verfasst Lionard noch einmal einen Bericht, der eine Rechtfertigung sein soll, aber auf seine Verteidigungsweise und Moral ein bedenkliches Licht wirft. Seine Ausführungen enthalten im wesentlichen folgendes:

In Erfüllung seiner Pflichten habe er über ihm zu Ohren gekommene Vernachteiligungen des Aerars ein Protokoll abgefasst. (Lionard erkennt nicht oder will nicht erkennen, dass er dazu gar nicht berechtigt war.) v. Hartmann habe ihn dafür mit dem Namen eines «Produzenten» belegt. Nachdem das Kollegium, infolge der Verschiedenheit der Auffassung des Lamine'schen Anstellungsreskriptes durch v. Hartmann und ihn eine höchste Interpretation wünschte, so habe er unter der Hand Gelegenheit gefunden, durch v. Oberndorff die dem Aerar günstige Auskunft zu erhalten und sei damit ins Kollegium geeilt, um seinen Berichtentwurf und die Auskunft dem ersten Bericht nachzusenden. Seine beiden Produkte seien dem v. Hartmann zum Bericht übergeben worden und er habe sie «nicht ohne Empfindung» zurückerhalten. v. Hartmann habe sogar mit seinem Abgang aus seinem Kollegium gedroht. Die Einschiebung des Wortes «vermeintlich» sei «aus purer Besorgnis für das herrschaftliche Interesse und in Rücksicht auf die zweifelhaften Meinungen des hohen Consilii» geschehen und nicht, um Hartmanns Antrag zu stümmeln. «Empfindlich und hart» komme es ihn (Lionard) an, zu sagen, dass er ein so unfreundliches Benehmen von einem Manne habe erfahren müssen, den er geschätzt, der jahrelang den Mittags- und Abendtisch in seinem Hause gehabt habe, von ihm mit Bett- und Handweisszeug unterstützt worden und durch seine Einleitung zu einem Gehalt von 700 fl. gekommen sei, und der ihn nun durch sein Verhalten beim Konsilium, bei allen Kameraldepartements, in Privat- und Kaffeehäusern, in der Stadt und auswärts heruntersetze u. s. f. Wenn er dafür auch Genugthuung zu erwarten habe, so wolle er doch menschenfreundlich darauf Verzicht leisten, wenn die von Hartmann'schen Vorträge «ab actis amoviret und der ganze Vorgang unterdrückt werde».

Kläglichere Gesinnung und schlimmeres Schuldbewusstsein als wie sie aus diesen Ausführungen hervorstechen, wird kaum denkbar sein.

Zur näheren Charakteristik sei noch beigefügt, dass Stabsamtskommissär Herd in Verfolg des Auftrags, Oberndorffs Auskunft einzuholen, von diesem erfährt, dass Lionard ihn privatim angegangen habe, ohne dass ihm (Oberndorff) mitgeteilt wurde, dass die Sache zur Erörterung gelange und diese Folgen habe. Doch glaube er, dass seine Auslegung «für die Werkstatt» die richtige sei. Auf Hinweis Herds, dass auch der Lehrsaal geheizt und beleuchtet werden müsse, meint Oberndorff, dann sei das Quantum für die Akademie, jedoch nicht als Besoldung bestimmt. Im übrigen komme es auf die damalige und die jetzige Meinung des Kurfürsten an. — Mit andern Worten: Oberndorff weiss nicht oder will nicht wissen, wie das Reskript auszulegen ist.

v. Hartmann übergeht vornehm in seiner Rechtfertigung auf die Lionard'schen Beschuldigungen die von diesem ins Spiel gezogenen «Privatverhältnisse» und erklärt sich mit Lionards namhaft gemachten Anträgen der Aktenentziehung, «da sie keinen Bezug auf die Besoldungsfrage haben», einverstanden, sofern die Kameraldirektion «zur gänzlichen Verschonung aller referentischen Vor- und Anträge von eigenen Zusätzen angewiesen werde.»

Unterm 16. Februar. 99 [59] ergeht an die Hofkammer die Weisung, unter Anlegung sämtlicher diesfalls verhandelter Akten ausführlich gutachtlich über die Sachlage zu berichten. Die Berichterstattung fällt, dem Brauche Karl Theodors gemäss, jede Sache von Bedeutung durch zwei Referenten bearbeiten zu lassen, um dadurch einen möglichst genauen Einblick in den Sachverhalt zu bekommen, dem Kammerrat Freiherrn von Venningen und dem Kammerrat Bingner zu. [60] Es ist nicht ohne Bedeutung, dass ein adliger und ein bürgerlicher Berichterstatter als Referent bestellt wurden. Im wesentlichen stellt sich Bingner auf Lionards Seite, v. Venningen auf die v. Hartmanns. Die Spaltung, welche die französische Revolution zwischen Adel und Bürgertum hervorgerufen und dauernd gemacht hat, prägt sich in den Gutachten der Referenten aus, so dass sich nunmehr Adels- und Bürgerpartei in einem und demselben Kollegium gegenüberstehen. Mannheim war von den Ideen der angeblich völkerbeglückenden französischen Revolution nicht unbeeinflusst geblieben; es herrschte in jener gährenden unruhigen Zeit eine den neuen revolutionären Strömungen entsprechender Geist in einem Teile des Mannheimer Bürgertums. [61]

Der Prozess, der sich anfänglich um ein paar Klafter
Holz und einige ℔. Lichter — im Gesamtbetrage von höchstens
200 fl. — gedreht hatte, sollte aber nicht zur Entscheidung
kommen, trotzdem die Akten seit einem Jahre zu ausserordentlichem Umfang gediehen waren, trotzdem die ursächlich an-
regende Hofkammer in zwei Parteien gespalten, trotzdem der
dirigierende Minister und Karl Theodor selbst in die Sache
eingegriffen hatte: Karl Theodor starb am selben Tage, da
das Schlussgutachten der beiden Kammerräte eingeholt wurde.
(16. Februar 1799.) Damit hatte Mannheim seinen, wenn auch
fernen, doch der Stadt und ihrer künstlerischen Bildung stets
zugethanen Förderer und Freund verloren.

Lionard aber, der schon «in einer Hofkellermeisterei-
geschichte das resolutum camerale einseitig abgeändert hatte»,
war von Mitte März an nicht mehr Kammerdirektor. Er hatte
seine Entlassung erhalten. [62]

Die Kriegsjahre nahten auch ihrem Ende. Das ganze
Schicksal Mannheims entschied sich in dieser Zeit. Mannheim,
aufs tiefste erschöpft und gedemütigt durch die Kriegszufälle,
zum Teil zerstört und von epidemischen Krankheiten verseucht,
die viele der Bürger dahinrafften, wurde seiner künstlerischen
Zierden entledigt. Der fürstliche Schmuck, den ihm die
glänzende Zeit des letzten kurpfälzischen Fürsten mit nie er-
müdender und ununterbrochener Sorge gegeben hatte, wird
ihm genommen. Die Akademie hat durch das Bombardement
schrecklich gelitten; die kostbaren Antiken waren unordentlich
zusammengestellt worden, um Raum für die Dienerschaft des
Herzogs Max von Zweibrücken zu gewinnen, die in den
Parterreräumen der Akademie einquartiert wurde, während
Prinz Karl im obern Stocke wohnte.

Die Leiden der Bürgerschaft waren in jenen Tagen gross;
aber die der Künstler überstiegen das menschliche Mass. Die
Hofkünstler und die niedern Diener konnten keinen Gehalt
bekommen, da die kurfürstlichen Kassen infolge der Kontributionen leer waren. Die unbeamteten Künstler hatten aber
noch weniger als sonst einen Verdienst, denn in diesen Tagen
dachte jeder Mannheimer an alles andere eher, als an künstlerische Fragen. Die in der Stadt lebenden Künstler waren

noch schlimmer daran. Sie betrieben fast alle den Kunst-
handel. Ihre Sammlungen hatten sie in das «opera-Haus»
geflüchtet, das in Flammen aufging. (Wezer.)

Die Akademie lag zwischen dem überfüllten Militärlazarett
und dem evangelischen Bürgerhospital; hinter ihrem Hof erstreckte sich der Begräbnisplatz der reformierten Kirchenge-
meinde. Um das Unglück aufs höchste zu steigern, stellte sich
das bösartigste «Faulfieber» ein und verbreitete sich in der
Stadt. Das Militärspital schien der Herd der Ansteckung zu
sein, und täglich gingen von da aus fünf bis sechs Leichen-
züge am Akademiegebäude vorüber. Auch die Kinder Lamine's
wurden von dem Fieber befallen, und nach drei Wochen starb
die älteste Tochter, «die sanfte, gefühlvolle, fröhliche und
lebhafte Rosa, das liebenswürdigste seiner Kinder».[63] Ihre
Schwester und ihr Bruder, der sonst in Heidelberg studierte,
genasen. So waren bei Lamine die Sorge und der Schmerz
in die Familie und in sein Beamtenverhältnis getreten. Er
musste es als eine Erlösung ansehen, als nach dem Frieden
und nach förmlicher Aufhebung der Akademie sein Schicksal
ihm eine gesicherte Stellung in München wies.

Aber auch sonst ging Mannheim seiner künstlerischen
Anstalten und Einrichtungen verlustig. Schon unter Karl
Theodor war ein Teil der kurfürstlichen Galerie nach München
gekommen, denn der Kurfürst hatte gern seine Lieblingsstücke
um sich. Zu Beginn der kriegerischen Operationen in der
Pfalz (1794) war M. Schmidt mit den Gemälden nach München
abgegangen.[64] Im Jahr 96 war ein zweiter Teil zugleich mit
dem kurfürstlichen Silber durch Schmidt nach München und
dann nach Linz geflüchtet worden. Ende der 90er Jahre, als
die Franzosen die Stadt wieder in Besitz nahmen, wurde ein
anderer Teil nach Crailsheim verbracht und, als ruhigere
Zeiten eingekehrt waren, in den Silbergewölben des Mannheimer Schlosses verborgen, von wo sie erst 1802 wieder in
den dazu bestimmten Räumen aufgestellt wurden.

Bei Ausbruch der französischen Feindseligkeiten gegen
das deutsche Reich und bei der Gefahr, der das der französischen Grenze nahe gelegene Zweibrücken ausgesetzt war,
hatte der Herzog Max von Zweibrücken sich, seinen Hofhalt

und einen Teil seiner Sammlungen nach Mannheim in Sicherheit zu bringen vermeint.[65] Der Graf von Rumford hat den Auftrag gehabt, die zweibrückische Galerie nach England zu verkaufen. Mannlich, der nachmalige Generaldirektor der bayrischen Galerie, war während der Kriegsjahre damit beschäftigt, mit Hilfe von Colson und von Erlenholz Kataloge der noch vorhandenen Sammlungen anzufertigen. Die herzogliche Kupferstichsammlung war schon in Zweibrücken verkauft worden, hatte aber so wenig eingebracht, dass der Vertraute des herzoglichen Hauses, der Hofmaler Mannlich, sich nicht entschliessen konnte, zum zweiten Mal den Mannheimer Kunsthändler Artaria als Vermittler zu wählen; denn dieser hatte beim Verkauf den Preis von 4 fl. für Blätter bezahlt, die er selbst dem verstorbenen Herzog für 40 — 50 fl. geliefert hatte. Die Stock- und Pfeifensammlung hatte durch die Gebote der österreichischen Offiziere die Summe von 30.000 fl. eingebracht.

Nachdem am 16. Februar 1799 Karl Theodor gestorben war, betrachtete sich der Kurfürst Max Joseph als sein Erbe. Mehr als 200 Gemälde der kurfürstlichen Galerie wurden, als die Kurfürstin und der Hof nach München zog, von Mannlich und seinem Schüler Deurer eingepackt und zum Teil auf den Gängen des Galerieflügels in Kisten aufgestellt. Als nach siebentägiger Arbeit am achten Tag aufgeladen werden sollte, standen die Franzosen vor der Stadt. Sie drangen ein, und die schwache Mannheimer Garnison zog in Ordnung zum anderen Thore hinaus. Aber das Fortbringen der Galerie erwies sich zunächst als unmöglich. Als Ney am 1. März in die fast wehrlose Stadt einzog, hatte er sofort sich des kurfürstlichen Schlosses bemächtigt und an alle Thüren im Innern Siegel anlegen lassen. Es sollten nicht bloss die kurfürstlichen Kassen, die mit Beschlag belegt worden waren, zu französischen Zwecken verwendet werden, sondern auch wissenschaftliche und künstlerische Schätze an Büchern und Bildern aus den kurfürstlichen Sammlungen sollten nach Paris wandern. Mannlich schildert die Verhältnisse so anschaulich, dass ich ihm fast wörtlich folge. «Indem ich,» schreibt er, «in die Galerie und die Bibliothek trat, fand ich dieses verfluchte Siegel schon angelegt und eine Schildwache, die an den

6

Kisten vorüberging und ich zog mich mit Wut im Herzen
zurück». Aber er erinnerte sich einer geheimen Thüre in
einem kleinen Kabinett am Ende des letzten Saales. Diese
war nicht versiegelt und führte durch eine Treppe zu den anstossenden Räumen, hatte aber sonst mit dem Schlosse keine
andere Verbindung. Sein Plan war rasch gefasst. Aber zu
seiner Durchführung brauchte er «Männer, die Mut, Kraft und
Arme hatten und fast alle seine Bekannten hatten nur Titel
und das, was man Geburt nennt». Der Zufall führte ihm
Deurer zu, der sein Schüler und ein junger Mann von vollkommener Vertrauenswürdigkeit war. Er weihte ihn in seine
Pläne ein, die dieser mit Begeisterung aufgriff, so dass er
sagte, er würde mit Vergnügen seine Freiheit und selbst sein
Leben aufs Spiel setzen, um dem Kurfürsten Max Joseph
diesen Dienst zu erweisen. Deurer sah sich nun nach einer
weiteren Hilfe um und brachte kurz darauf einen jungen,
herkulisch gebauten Schreinergesellen, der bereit war, seinem
Fürsten zu dienen, indem er den Franzosen die Beute vor
der Nase wegtragen half. Mannlich übergab Deurer den
Schlüssel der geheimen Thüre, indem er ihm befahl, die
Galerie zu leeren, ihm aber nicht zu sagen, wohin die Bilder
verbracht werden, damit er einen Eid darauf ablegen könne,
dass er nicht wisse, wohin sie gekommen seien. Die zwei
jungen Leute arbeiteten nun elf Nächte in der Gefahr, von
den Patrouillen verhaftet zu werden, und es gelang ihnen,
die Galerie völlig zu leeren, ohne ein einziges Gemälde zu-
rückzulassen. Nur noch die sieben Kisten standen auf dem
Gang; aber unglücklicherweise enthielten sie das Schönste.
Sie waren im Gesichtsfeld der Schildwache, und man musste
sie zurücklassen. Die Franzosen waren vollauf mit der Herstellung der Befestigung beschäftigt. Aber eines Tages wollte
der General Bernadotte seinen Raub besichtigen und war sehr
befriedigt von dem, was er in der Bibliothek fand, die in
Ordnung war, von der aber ein Teil vom Kurfürsten der
Akademie der Wissenschaft simuliert geschenkt worden war,
um sie vor den Händen der Franzosen zu bewahren. Bernadotte
begnügte sich damit, zu wählen, was ihm gefiel und es fortbringen zu lassen. Seine Auswahl war glücklicherweise kein

zu grosser Verlust für die Künste und Wissenschaften. —
«Dann liess er sich, die Bibliothek verlassend, die Galerie
aufschliessen und durchschritt leicht den ersten Saal, den er,
wie die übrigen, leer fand und sagte ärgerlich: «Ah, pfui,
hier ist also nichts. Was ist aus den Gemälden geworden?»
wandte er sich ungeduldig zu mir. «Sie sind nach München,
den Ort ihrer Bestimmung, abgegangen. Sie haben die Siegel
an leere Säle anlegen lassen. Ich beehre mich, Sie zu benachrichtigen, Bürger General, dass Sie nicht ein einziges
Blatt in der Kupferstichsammlung hier nebenan finden werden,
die Sie gleichermassen haben versiegeln lassen.» Er ging
sogleich hin und fand, dass ich ihm die Wahrheit gesagt
hatte. Ich war froh, ihn hiedurch aus den Galeriesälen hin-
ausgebracht zu haben, weil ich fürchtete, dass eine der Spür-
nasen seines Gefolges die geheime Thür entdecken möchte,
was Veranlassung zu Nachforschungen und einen auf militärische
Art geführten Prozess gegeben hätte und umso mehr zu
fürchten war, als der schnelle Urteilsspruch dieser Herrn
ohne andere Berufung und Förmlichkeit nur durch den Lauf
ihres Gewehres gefällt wurde.»

Die Franzosen liebten aber das Theater und wurden bei
Dalberg vorstellig, dass er Aufführungen veranstalte. Dieser
liess die nach Mosbach geflüchteten Schauspieler und Schau-
spielerinnen zurückkommen. Die Verhandlungen, denen Mannlich
beiwohnte, flössten ihm den Gedanken ein, auch die sieben
Kisten auf dem Gange vor der Galerie zu retten. Er ging zum
Maschinenmeister Quaglio und veranlasste ihn, zu erklären,
dass er ohne Dekorationen, Beleuchtungsgegenstände und
tausend andere Dinge aus dem Schloss, wo sie aufbewahrt
seien, nichts machen könne. Quaglio handelte dementsprechend
und erhielt vom General die Erlaubnis, was nötig sei aus
dem Schlosse zu holen. Quaglio liess also am hellen Tage
die sieben Kisten mitten durch die Schildwachen und Posten
heraustragen und verbarg sie im Theatermagazin.

Deurer hatte die bei seiner nächtlichen Arbeit geretteten
Gemälde, namentlich die grösseren Stücke, die das Forttragen
mühsam und gefährlich machten, in sichere Häuser nahe beim
Schloss gebracht. Dasjenige des Grafen von S. Martin, Schwie-

gersohn P. Verschaffelts, barg ihrer viele (jetzt Bankhaus Ladenburg Lit. D 4). Mannlich liess die besten davon in Kisten verpacken; ebenso jene, welche Deurer mit.sich nach Hause genommen hatte. Aber eine neue Schwierigkeit erhob sich: wie waren sie aus Mannheim fortzubringen? Ueber Heidelberg konnte nichts gehen, da es von den kaiserlichen Truppen besetzt war. Doch auch hier war der Zufall günstig. Mannlich verkehrte im Hause des pfalz-zweibrückischen Oberhofmarschalls von Gohr. Auch der französische General ging dort aus und ein, da er ein Verwandter des Hauses war. v. Gohr hatte von ihm Pässe für sich, seine Familie und ihre Wagen erhalten. Darauf baute Mannlich seinen Plan. Er bat den Marschall, zwanzig Kisten mitzunehmen. Dieser willigte ein, liess sie bei hellem Tage holen, aufladen und zu dem Thoren hinausbringen. Sie gelangten glücklich in München an. Die andern Kisten blieben in Mannheim verborgen zurück. All das geschah in den Frühlingsmonaten des Jahres 1799.

Nach den hier gegebenen Berichten nicht bloss eines Mitlebenden, sondern eines Mitthätigen und eines Mannes, der sich der grössten Achtung und Schätzung aller erfreute, mit denen er in Beziehung trat, geht es klar hervor, dass die von Karl Theodor in Mannheim zusammengebrachte Galerie vor den raubfertigen Fingern der Franzosen zum Teil nach München gerettet worden ist und auf diese Weise wenigstens Deutschland erhalten blieb. Welches Schicksal der kurfürstlichen Sammlung beschieden gewesen wäre, wenn nicht die List Mannlichs sie den Franzosen vor der Nase weggebracht hätte, erhellt aus dem Schicksal der Münchner Galerie. Als die Franzosen dorthin kamen, liess ihr Kommissär Neveu 72 Bilder gegen einen Schein einpacken mit dem Versprechen, dafür einen gleichwertigen Ersatz aus den französischen Schulen zu senden. Obgleich Mannlich boshaft genug war, jedes Jahr das Verzeichnis mit der Neveu'schen Erklärung nach Paris zu schicken, so dass dieses Verhalten dem französischen Minister dem bayrischen Gesandten gegenüber den Ausruf entlockte: «Die Wünsche des bayrischen Bevollmächtigten beginnen mich zu langweilen!» — und obschon auf diplomatischem Wege Schritte zur Wiedererlangung der entführten

Stücke gethan wurden, kamen 1815 von den 72 Stück nur 48
zurück. Der versprochene Ersatz durch Werke der französischen
Schule aber trat niemals ein.

Das Verfolgen der Fäden, wie Mannheim seiner künstlerischen Einrichtungen verlustig ging, schien nicht zwecklos,
weil sie ein ehernes Bild der ehernen Zeit geben.
Nach dieser Abschweifung, die mit der Gestaltung der
künstlerischen Sammlungen zusammenhängt, sei die Darstellung des weitern Verlaufes der Akademiegeschichte wieder
aufgenommen.

Trotzdem Lamine von den Modellen die denkbar schlimm-
sten Anfeindungen und Verleumdungen zu erdulden gehabt
hatte, verwendet er sich in den drückenden Kriegszeiten doch
wieder für sie und ihre Existenz. Die kurfürstlichen Kassen
waren teils mit Beschlag belegt, teils durch die Kontribution
geleert worden. Es waren somit keine Geldvorräte vorhanden,
um dem Dienstpersonal die fälligen Monatsgelder auszubezahlen.
Lamine wird nun für die noch in Diensten befindlichen Modelle
vorstellig, «da diese Männer aus Abgang sonstigen Verdienstes
in Ermanglung ihres bisher bezogenen Monatsgeldes an nötiger
Lebsucht gänzlich notzuleiden hatten» und bittet, dass ihnen
das Monatsgeld ausbezahlt werde. [66] Diese Bitte wiederholt sich
gewissenhaft alle paar Monate, da er selber nicht mehr in der
Lage ist, den Modellen das Geld aus eigener Tasche vorzu-
strecken. Seinen Bitten weiss die Hofkammer aber nicht anders
zu entsprechen, als dass sie seine Vorstellungen der General-
kasse-Kommission zustellt, da, wenn das höchste Reskript
wörtlich im strengsten Sinn befolgt werden muss, die Kasse
sogar «den Taglöhnern und andern bedürftigen Leuten von
dieser Klasse» geschlossen sein soll. Wieviel Elend und Not
liegt in diesem kurzen Vermerk des Hofkammerrates (Soeldner)
eingeschlossen !

Bereits am 11. Januar 1800 erkundigt sich die General-
kasse-Kommission, ob nicht, da bei dermaligen Kriegszeiten
keine Zeichnungs-Akademie gehalten werde, die Modelle be-
seitigt und die Ausgaben dafür erspart werden könnten. Die
Akademie hatte, wenn auch in Wirklichkeit unthätig, doch
de facto noch nicht aufgehört, zu existieren. Es wird sogar

der zum Formator im Jahre 98 angenommene J. Kienzler bestätigt. Dessenungeachtet mehren sich vom Jahre 1799 an die Zeichen, dass die Tage der Akademie gezählt sind und dass der langsame Auflösungsprozess zu einem raschen Ende führt. Die wiederholt von Karl Theodor in Aussicht genommenen, aber meist nur halb zur Anwendung gelangten Sparsamkeitsmassregeln werden vom neuen Kurfürsten Max Joseph mit aller Energie in Angriff genommen und mit unnachsichtlicher Konsequenz durchgeführt. Auf dem Gebiete der Kunst tritt zunächst eine starke Centralisation in der Oberleitung der herrschaftlichen Museen ein. Karl Theodor, der sich in dem ihm und seinen aus der Pfalz stammenden Beamten immer unfreundlich gesinnten München nie behaglich fühlte, und dessen Herz immer an der freiern, fröhlicheren, leicht entzündlichen und ebenso rasch vergessenden Pfalz hing, hatte die Mannheimer Kunstanstalten und ihre Pflege nie aus dem Auge verloren. Mit dem Regierungsantritt der zweibrückischen Linie tritt hierin Aenderung ein. Es nimmt sich wie eine Belohnung der in den Kriegswirren geleisteten Dienste aus, dass, nachdem durch Mannlichs List im März die Mannheimer Galerie vor den beutelüsternen Franzosen nach München gebracht worden war, Mannlich unterm 28. Juni 99 zum Generaldirektor sämtlicher Galerien der verschiedenen Lande ernannt wurde, «damit die Gehälter der übrigen Direktoren mit der Zeit erspart werden können.» [67] Zwar sollten die bei den Galerien, Kabinetten und Kupferstichsammlungen angestellten Direktoren, Inspektoren etc. in ihren Stellungen, Verrichtungen und Gehältern verbleiben, aber «dem seiner Geschäfte wohl kundigen» Mannlich untergeordnet sein. Die Gehälter aber sollen bei Erledigung eingezogen werden.

Mit diesem Juni-Erlass war ein Mann an die Spitze des ganzen bayrischen Kunstwesens gestellt, der seine Lehr- und Studienzeit in Mannheim seit 64 unter Verschaffelt durchgemacht, der in den schlimmen Kriegsjahren bei Lamine gewohnt, der auch zwischen 64 und 99 Mannheim und seine Kunststätten oft besucht hatte und mit Verschaffelts Sohn Maximilian eng befreundet war und also den Betrieb der Akademie als Lernender und Betrachtender kannte. Die Eindrücke, die er

von den Mannheimer Kunstverhältnissen, insbesondere von
denen der Akademie, mitnahm, waren nicht die günstigsten.
Von Verschaffelts Unterricht berichtet er nur, dass er ihn
mehrere Jahre genossen habe, ohne ein andere Unterweisung
zu erhalten, als die, welche die Uebung giebt und dass, wenn
er nicht durch die Lektionen seines Vaters, des Tiermalers
Konrad Mannlich, eine richtigere und genauere Vorstellung
von den Künsten erhalten hätte, er noch einige weitere Jahre
auf der Akademie hätte zubringen können, ohne die Feinheiten
und Wissenschaften auch nur zu ahnen, die ihnen als Grundlage dienen. Noch in späteren Jahren, als Mannlich bereits
seinen ersten Pariser Aufenthalt hinter sich hatte, und er in
«Mannheims schöner Landschaft, die ihn mit unaussprech-
lichem Entzücken erfüllte», ohne eine andere Gesellschaft, als
die der Natur, zeichnete und malte, überkam ihn bei den
Rückerinnerungen an die «schwarzen, traurigen, verrauchten
Mauern und die barsche Unterrichtsart Verschaffelts ein
Schaudern, das den Zeichenstift seiner Hand entfallen liess». [68]
    Auch von Lamine, mit dem er seit der akademischen
Schule befreundet war, und dessen Gastlichkeit und Freund-
schaft er während der Kriegsjahre, da ihm seine Frau in der
Lamine'schen Wohnung am Faulfieber starb, in reichlichem
Masse genossen hatte und dessen menschlich gütige und teil-
nehmende Art er sehr schätzte, auch von Lamine weiss er als Direktor und Künstler nur zu sagen, dass er gleichgültig und faul war.
    Dass bei solchen Erinnerungen die Sympathien des in
Sachen der Kunst massgebendsten Mannes in Bayern, der zugleich noch der persönliche Vertraute des Kurfürsten war, für
Mannheim und seine Akademie nicht allzu stark waren, ist
erklärlich. Die Kriegszeiten mit ihren ungeheuren Ansprüchen
an Geld und die dadurch bedingten «misslichen Kassaum-
stände», die Ersparnisse, die notwendigerweise überall gemacht
werden sollten, und der geringe Besuch der Akademie lassen
den Gedanken ihrer Aufhebung in immer grössere Nähe
rücken. Die untern Stellen werden nur noch mit Vorbehalten
besetzt. So erhält der schon im Jahr 98 zum Formator vorgeschlagene und auch von der Hofkammer in den Dienst ein-
gewiesene Jos. Kienzler endlich am 4. Februar 1800 seine Bestä-

tigung mit der Bemerkung, «dass er zu den im Antikensaale
eintretenden Verrichtungen gebraucht werde», aber der Kurfürst findet es angemessen, die eigentliche Wiederbesetzung
dieser Formatorstelle bis zu dem Zeitpunkte ihrer (der Akademie) gesicherten Aktivität vorzubehalten.[69]

Auch die Prozessangelegenheit der Modelle kommt wieder
in Fluss. Der als bevorstehend jedenfalls besprochene Uebergang Mannheims an Baden giebt ihnen Veranlassung, sich
unterm 19. April 01 an den Markgrafen Karl Friedrich in
Karlsruhe zu wenden, damit dieser bei Pfalzbayern einwirke,
ihre Sache untersucht werde und sie in ihren Gehalt einge-
wiesen würden. Sie haben sogar eine Reise nach München zu
einer «gründlichen Remonstration» beim Kurfürsten nicht ge-
scheut und sind mit dem zweischneidigen Trost nach Hause
gegangen, dass, wenn ihre Anklagen gegen Lamine sich als
richtig herausstellen sollten, sie «alle Satisfaktion, in dem
Gegenfall aber die herbste Bestrafung erhalten würden».

Im Juni 1801 wird Lamine zum Bericht aufgefordert, ob
die Modelle noch «dienstfähig und notwendig oder besser zu
verabschieden und ihrem nebenhertreibenden Gewerbe zu überlassen» oder nur auf Begehr gegen unständigen Lohn an
Winterabenden zu brauchen seien. Die Verhältnisse sind noch
so gelagert, dass das Bestehen der Akademie als sicher angesehen wird, wenn auch in den Berichten des Regierungs-
rats von Lamezan Zweck und Einrichtung, sowie finanzielle
Fundierung als verfehlt und die Werkstätte als seit Jahren
stillstehend bezeichnet ist. Die noch von Verschaffelt ange-
nommenen Modelle — Maurersgesellen — sind «aus Abgang
von Professoren und Lehrlingen dem Aerario und der Kunst
selbst zur Last». Da das anwesende Militär eine freie und
billige Auswahl schöner Muster gewährt, an Stelle der ver-
blühten und verderbten Natur, so sollen sie entlassen und
ausbezahlt werden. Damit eröffnet sich zugleich die Aussicht,
den «sehr geschickten» Kienzler, da die Aktivität gesichert ist,
anzustellen, damit endlich das Inventar der seit zwölf Jahren
vernachlässigten kostbaren Formen, Brustbilder und Köpfe
errichtet werden kann.

Am 22. August 1801 spricht Lamine die am 12. August

verfügte Entlassung der beiden Modelle aus, und diese erhalten am 15. September ihren noch rückständigen Lohn. Dieselben Modelle, die sich so schimpflich gegen Lamine benommen hatten, und die, als sie vor drei Jahren hörten, dass eines der Modelle aus Sparsamkeitsgründen entlassen werden solle, sich verbündeten, um die ungeheuerlichsten Dienstbeschuldigungen gegen Lamine vorzubringen, sich der Unterstützung ihres Vorgehens durch den damaligen Sekretär und Professor, Münzrat A. Schäfer und den Kammerdirektor Lionard erfreuten, erklären sich nun bereit, «bis zu bessern Zeiten statt um 20 fl. monatlich um 10 fl. zu stehen», indem sie ihre ca. sechsjährige Militärzeit, ihre zehn Jahre lang geleisteten Modellsteher-Dienste, ihre mit fünf unversorgten Kindern belasteten Familien und die Anführung vorschieben, dass das Modellstehen nicht jedermanns Sache sei. Als auch diese Eingabe den von ihnen gewünschten Erfolg nicht hat, erheben sie wiederum neue Anklagen beim Kurfürsten. Auf sein Betreiben kommt eine Wiederaufnahme des ganzen Verfahrens, das infolge innerer und äusserer Veränderungen in den Verwaltungsgeschäften ins Stocken geraten und wie die Sache selbst unentschieden geblieben war, in Gang. Nachdem auch Max Joseph die sämtlichen Aktenberichte eingesehen, bleibt es bei dem schon am 20. Dezember erlassenen Beschlusse, der Entlassung der beiden Modelle, «umso mehr, als solche Persönlichkeiten an den Motiven unseres Beschlusses nichts ändern können». — Die Motive sind gewiss einmal in den Ersparnisgründen zu suchen, dann aber auch in der jedenfalls vorhandenen, wenn auch noch nicht ausgesprochenen Absicht, die Akademie in Mannheim eingehen zu lassen. Denn der geringe, nur 2000 fl. bildende, und auf dem linken Rheinufer in parzellierten Obligationen angelegte Fonds soll weder herübergezogen, noch mit der Staatskasse zur Tilgung der nach dem Krieg gemachten Anleihen vereinigt, sondern der allgemeinen Fundierungsmasse für die höheren Bildungsinstitute vorbehalten werden. «Bis jene Institute konzentriert und ihre Bedürfnisse und Kräfte ins Gleichgewicht gesetzt seyn werden», sind die Gehälter mit Zuziehung der Zinsen jenes Fonds einstweilen noch aus der Staatskasse zu bezahlen.

Die Modelle haben zwar, diesen endgiltigen kurfürstlichen Beschluss missachtend, ihre Ansprüche und Anklagen weiter betrieben ; sie sind von der disziplinarischen Verfolgung Lamines zur gerichtlichen, von ihren Petitionen nach Kurbayern zu Vorstellungen an die Markgrafen von Baden fortgeschritten ohne andern Erfolg, als dass alle die zahlreichen angerufenen Instanzen sich entweder für nicht zuständig erklärten oder sich der kurfürstlichen Entscheidung vom 9. Juli 1802 anschlossen und damit den rein denunziatorischen Charakter der Anklage anerkannten.[70]

Mit dem 20. Juli 1803 hat der seit 1798 während Prozess endlich seinen Abschluss erreicht, ohne dass sein Ausgang etwas anderes gebracht hätte, als was vor seinem Beginn in Aussicht genommen war : Die Entlassung der Modelle, — wenn anders man nicht die Ausscheidung des parteiverblendeten, voreingenommenen Kameraldirektors Lionard aus dem Kameralkollegium und die Berufung des unerschütterlich gerecht und frei denkenden Rates v. Hartmann in die unmittelbare Umgebung des Fürsten als ein Gewinn und als ein Sieg des Rechtes über das Unrecht ansehen und erkennen will.

Aus dem äussern Leben der Akademie selbst ist nur noch wenig zu berichten. Lamine war weder eine organisatorische, noch auch nur eine energische Natur. Er musste stets zur Erfüllung seiner Obliegenheiten gedrängt werden. Die Erhaltung der Antiken und die Instandhaltung des Antikensaales rechnete er kaum zu seinen Pflichten, und so kam es, dass er ohne Selbstbeschämung im November 1801 um die nötigen Materialien einkommt, damit die seit acht Jahren nicht mehr gereinigten Fenster des Antikensaales gesäubert werden können.[71] Es muss auffallen und zu denken geben, dass derartige Zustände in Mannheim schon zu einer Zeit bestehen konnten, als es noch keine Geschäftsstadt im heutigen Sinne und Umfang war. Allerdings, Mannheims Bevölkerung hatte in jenen Jahren und Zeitläufen, da Karl Theodor aus seiner Residenz eine Kunststadt zu schaffen meinte, indem er es mit Kunst, Künstlern und Kunstanstalten füllte, kein Verhältnis zur bildenden Kunst. Kaum Einem unter hundert Einwohnern war die Existenz der Antikensammlung bekannt.[72] Alles, was von der glänzenden Hofhaltung lebendig blieb, war einzig das Theater unter Dalbergs aufopfernder und genialer Oberleitung. Der leichte Pfälzer Sinn hatte keine Musse — keine Musen. Die Tragik des Lebens, die in den harten Kriegsjahren ernst genug sich in und vor seinen Mauern gezeigt hatte, war den Bewohnern kein Anruf zu einer ernstern, tiefern Lebensauffassung geworden. Sie befriedigten sich nicht im Geniessen, sondern im Genusse. Dass seine Kunst und sein Kunstbedürfnis, soweit es auf bildende Kunst Bezug hat, durch Zeitumstände und Personen erstickt wurde, kann als eine Art Befreiung für Mannheim betrachtet werden, durch die es zu seiner wahren und grossen Bestimmung gelangte: Eine Geschäftsstadt zu werden. Denn nichts ist dem geschäftigen Körper eine grössere Last, als eine traumbeladene Seele.

Mit dem zu Lunéville abgeschlossenen Frieden und den dadurch eingetretenen, ruhigeren Zeiten am Rhein war die Möglichkeit zur Aufnahme der Akademie wieder gegeben. Weder der Andrang der Studierenden noch auch der Eifer Lamines scheint gross gewesen zu sein. An ihm aber hing alles, da der einzige noch lebende Professor, Verhelst, alt, taub und fast blind geworden war. Immerhin scheint sich noch ein und der andere Zeichner eingefunden zu haben. Denn im Dezember meldet Lamine, dass jetzt ein passendes Modell und eine Argand'sche Lampe für die Zeichenstunden vorhanden seien. Das Modell ist ein ehemaliger Soldat, Namens Johann Sandel, «der wegen Diebereien und seinen an dem Prinzen Rohan verübten Gewaltthätigkeiten mit dreitägigem Spiessrutenlaufen bestraft, mit abgeschnittenen Haaren vom Regiment weggejagt und aus den kurfürstlichen Landen verwiesen» worden war.[73] Seine Bezüge bestanden in monatlich 20 fl. und einem «Rockelor», der ihm zum Tragen verliehen wurde, damit er sich auf dem Nachhausewege nach den erhitzenden und ermüdenden Stunden des Modellstehens nicht erkälte. Er erhielt diese Vergünstigung im November 1802 nur für den Fall gewährt, dass die Akademie noch vier Jahre weiter bestehe; andernfalls sei der Betrag für den von Lamine ohne Kameralanweisung angeschafften «Rockelor» an die Montierungskammer zurückzuvergüten. Um diese Zeit muss also das Fortbestehen sehr in Frage gezogen worden sein.

Mit dem Anfang des Januars 1803 ist denn auch das endgiltige Schicksal der Akademie entschieden.[74] Lamine wird nach München abberufen, um die aus Mannheim dorthin gelangenden Antiken und Formen aufzustellen. Damit hört seine Thätigkeit an der Akademie auf.

Die Zeichnungsakademie würde schon jetzt stille gestanden sein, wenn Lamine nicht den «Landschaftsmaler Kunz, den er nach seiner Ueberzeugung als den geschicktesten hiezu hält, ersucht hätte, die Stellung des Modells und die Aufsicht über die Zeichnungsstunde zu besorgen».

Wer sich jetzt der ihrer Leitung und Führung beraubten Akademie annahm, war nicht etwa die Stadtverwaltung oder eine Vertretung der Bürgerschaft, die doch das nächste Interesse an diesem gemeinnützigen Bildungsinstitute gehabt hätte, sondern es ist der pfälzisch-zweibrückische Regierungsrat Medicus, der in Mannheim Amt und Stellung erhalten hatte.[75] Schon vorher hatte Theodor von Traitteur, Beamter der geistlichen Administration, in einer sehr eingehenden Denkschrift die Pflege der Künste in der Pfalz behandelt. Weiterhin wird auf diese merkwürdige Schrift noch zurückgekommen werden. Medicus meint:

«Eine Zeichnungs-Akademie ist für Mannheim ein wahres Bedürfniss um so mehr, da jeder Künstler sich aufgefordert findet, zur Vollkommnung seiner selbst sich anhaltend daselbst zu bilden. Dann haben ehemals viele Künstler, Kunstfreunde und Jünglinge, die sich zu Künstlern bilden wollten, dieser Akademie wegen sich hier aufzuhalten, und war also diese Zeichnungsakademie eine Nahrungs-Quelle für die Stadt.

«Solange die Sache wegen dem Antiquen Saal noch nicht gänzlich entschieden ist, kann auch noch nichts bestimmtes verordnet werden, und sind für den Augenblick zu Erhaltung dieser Höchstwichtigen Zeichnungs-Akademie nur provisorische Verordnungen möglich. Das Hauptwesen ist die Anstellung eines neuen Professors, und hierzu ist Kunz unfehlbar der vorzüglichste, der, ob er gleich ein Landschafts-Mahler ist, von jeher in der Akademie als der beste Zeichner nach der

Natur sich ausgezeichnet hat. Im Fall, dass er zu Zeiten sollte verhindert seyn, könnte man Pozzy als Substitut, mit der Aussicht einer ebenmäsigen künftigen Anstellung, ernennen. «Das Modell bekommt monatlich fl. 20 und ist bis den letzten November 1802 bezalt.

«Das Holz ist bis ultimo Jan: laufenden Jahres geliefert, folglich nur für die drei Winter-Monate noch anzuschaffen. Das Oehl hingegen ist sämmtlich geliefert. . Die mit der Zeichnungs-Akademie verbundene Unkösten dieses Jahres würden also sehr gering seyn, und würde ich den unterthänigsten Antrag machen, dem Herrn Kunz als Professor ein jährliches gehalt von fl. 100 gnädigst auszuwerfen. Hierzu ist aber auch ein Fonds da. Unser verewigter Karl Theodor wollte die Zeichnungs-Akademie durch Niederlegung eines besonderen Fonds stiften, und hatte hierzu jährlich fl. 2000 bestimmt. Aber leider sind nur der erste Termin mit fl. 2000, und in der Folge aus oben angeführten Ursachen nichts mehr bezahlt worden. Diese fl. 2000 sind nun als Capital angelegt und tragen fl. 100 jährliche Interessen.» —

Medicus findet aber bei der interimistischen General-Kommission nicht viel Entgegenkommen. Sie erklärt auf sein Pro memoria, «dass solange das Schicksal der Kunstsammlung und in specie des Antikensaales nicht endlich entschieden seye, sie sich ausser Stand befinde, auf Anstellung neuer Professoren für ersagte academie anzutragen». Aus diesem Grund musste sie es Medicus überlassen, das Institut provisorisch wie bisher fortzuführen, wofür Holz, Oel und die Bezahlung des Modells nicht versagt würde. Wenn Kunz aus Liebe zu der Sache die Aufstellung des Modells und den Unterricht der jungen Leute besorgen wolle, so hätten sie nichts zu erinnern.

Inzwischen vollzog sich aber der Uebergang der rechtsrheinischen Pfalz an Baden.

Der Lunéviller Friede 9. Februar 01 hatte die Mediatisierung und Säkularisation der weltlichen Fürsten und der geistlichen Herrn zur Folge. Das Ausgleichungswerk war dem Reichstag von Regensburg und durch diesen dem achtgliedrigen Reichsausschuss (Reichsdeputation) übertragen worden. Die

Verhandlungen mochten erkennen lassen, dass bei der Uebergabe oder Uebernahme von Landesteilen der Status quo zu
Grunde gelegt werden solle. Max Joseph, der mit Schmerzen
das Land seiner Jugend verlor, glaubte wenigstens noch alles
nach Bayern ziehen zu sollen, was als zum Familieneigentum
gehörig zu betrachten war und einen höhern Wert repräsentierte.
Rechtlich stand ihm der Wortlaut des Ehevertrags Karl Theodors mit Elisabeth Auguste zur Seite, während der von der
Reichsdeputation eingeführte Begriff des Status quo Baden
veranlasste, jeglicher Bewegung innerhalb des kurbayrischen
Besitzes in Mannheim mit Misstrauen zuzusehen und hindernd
in den Weg zu treten. Trotzdem auf beiden Seiten das red-
lichste Bemühen bestand, Uebergabe und Uebernahme auf fried-
lichem und gütlichem Wege zu bewerkstelligen, und trotzdem
sowohl der Präsident des kurfürstlich rheinpfälzischen General-
Landeskommissariats Excellenz Freiherr von Reibeld, sowie
auch der höchste Beamte der militärischen badischen Okkupa-
tionskommission, Freiherr von Wöllwarth, im freundlichsten
und entgegenkommendsten Sinne verhandelten, musste die
Verschiedenheit in der Auffassung der Lage der beiden Teilen
zu Missverständnissen und damit zu Reibungen führen. Dass
es nicht zu offenen Zwistigkeiten kam, ehrt beide Teile und
zeigt ihre Mässigung in der Verfolgung ihrer Rechte aufs
hellste. Bereits am 28. Februar 1802 erlässt Max Joseph an von
Reibeld den Befehl, dafür Sorge zu tragen, dass die vom kurbayrischen Kommissarius, Oberhofbibliothekar Bischof von
Häffelin, zur Einpackung bestimmten Werke der «wissenschaftlichen und Kunstkabinette» unter Mitwirkung der einzelnen Kabinettvorstände genau verzeichnet und nach München
transportiert würden.[76] Wie in Vorahnung all der schmerzlichen
und peinlichen Szenen, die durch die Uebergangsverhand-
lungen erstehen mussten, begründet Max Joseph seine im
Vergleich mit den frühern Reskripten widersprechende Hand-
lungsweise:
«Wir haben zwar in andern Zeitverhältnissen und aus
besondern Beweggründen, welche auf den damaligen Kriegszu-
stand Unserer rheinpfälzischen Provinz Bezug hatten, die in
Mannheim zurückgelassenen und zu Unserem Familien-Eigen-

thum gehörige wissenschaftlichen und Kunstkabinette mit der allda bestehenden Akademie der Wissenschaften in engere Verbindung gesetzt und waren auch entschlossen gewesen, ihren Gebrauch dem dortigen Publikum nach gemeinnützigen Plänen ferner zu gestatten, wie Wir in verschiedenen deshalb erlassenen Reskripten geäussert hatten; da aber inzwischen solche politischen Ereignisse, die abzuwenden nicht mehr in Unserer Gewalt stund, eingetretten sind, nach welchen Wir die Stadt Mannheim und sämtliche Aemter der diesseitigen Rheinpfalz andern deutschen Fürstenhäusern überlassen müssen, die Akademie der Wissenschaften selbst bis auf einige wenige Mitglieder zusammengeschmolzen ist, der ursprüngliche Zweck ihres Stifters folglich nicht mehr erreicht werden kann, so haben wir beschlossen, diese Kabinette hierher transportieren zu lassen und mit Unserem übrigen Familien-Eigenthum nach der Absicht unserer Hausgesetze zu vereinigen.» —

Die Instruktion an Häffelin bestimmt bis ins Einzelne hinein die wahrzunehmenden Obliegenheiten und Massnahmen für den Transport einschliesslich der Anweisung, er habe dem sämtlichen Personal zu versichern, «dass für den lebenslänglichen Fortbezug ihrer Gehalte werde gesorgt werden». — Wohl mochte Kurbayern ahnen, dass das, was bisher Mannheims grösster Reichtum und Ruhm gewesen, nicht ohne Widrigkeiten von dort entfernt werden konnte; zumal Max Joseph das rasch aufflammende Temperament der Pfälzer aus dem Zusammenleben mit ihnen kannte. Zur Vermeidung von Aufsehen und zur Förderung des Geschäftes sollen die Fuhren nicht in zu grosser Zahl abgehen, sondern in der Stille gepackt und einzeln abgeschickt werden. Die kurbayrischen Befürchtungen bewahrheiteten sich. Die Akademie der Wissenschaften, nur noch ein Körper ohne Leben, suchte aber sich zu behaupten und wusste unaufhörlich die städtischen und badischen Interessen mit den bayrischen Rechtsansprüchen zu vermengen. Sofort nach Eintreffen Häffelins begibt sich eine von Stadtdirektor Rupprecht und Regierungsrat Medicus geführte Deputation nach München, um die Belassung der Kunst- und wissenschaftlichen Sammlungen in Mannheim zu erwirken. Der Minister von Montgelas, der sie sofort empfing, erklärte mit aller Bestimmtheit, dass es der feste und unabänderliche Wille seiner kurfürstlichen Durchlaucht sei, alles, was im Mannheimer Schloss wäre, als sein Hauseigentum nach München zu ziehen. Talleyrand habe die Berechtigung hiezu anerkannt. Die simulierte Schenkung der Kabinette an die Akademie der Wissenschaften sei eine Notmassregel gewesen, um sie zu schützen, nicht um sie der Akademie zu überlassen, da der Kurfürst ohne agnatische Konsenz eine solche Schenkung gar nicht machen könne. Wäre die Pfalz in der alten Verfassung geblieben, so wären die Sammlungen der Akademie nicht genommen worden. Die Akademie der Wissenschaften sei aber wirklich aufgelöst, also bedürfe sie ihrer nicht mehr.

Der Kurfürst, der die Deputation mit Thränen in den Augen empfing, und unter Schluchzen das Schicksal der Pfalz beklagte, hob hervor, er sei durch Bonaparte um die Pfalz gekommen. Alles, was der Universität und der staatswissenschaftlichen Schule an Kabinetten zuständig sei, verbleibe diesen. Der Fonds der Akademie der Wissenschaften sei dem Markgrafen übergeben ; was damit geschehe, wisse man nicht.

Die Deputation ging von München nach Karlsruhe, um Schritte zur Belassung der Akademie in Mannheim zu thun.

Unterm 10. November ordnet, um der Sendung mehr Gewicht zu geben, Max Joseph den Generalleutnant Grafen v. Rumford und den Hauptmann Reichenbach jun. ab, um die astronomischen, mathematischen und physikalischen Instrumente, das Naturalien-Kabinett und die antiken Statuen nach München zu befördern. Der Bibliothekar v. Traitteur war säumig, widerstrebend und unzuverlässig, so dass v. Reibeld ihm seine Pflichten als bayrischer Unterthan und Beamter einschärfen musste. Die militärische Kommission sollte entschiedener vorgehen, als der zögernde v. Häffelin, Bischof von Chersones. In diesen Tagen wenden sich in völliger Verkennung ihres noch bestehenden Unterthanenverhältnisses und der Zuständigkeit ihrer Bitte sechsundvierzig Bürger am 11. November an die badischen Okkupationsbevollmächtigten mit dem Ansinnen, die Wegtransportierung zu verhindern. v. Wöllwarth und Gaum erklären jedoch taktvoll «sich ausser Verflechtung mit dieser Landesangelegenheit zu halten», die soweit

sie urteilen können, «nicht auf einer rechtlichen Vertretungs-
befugnis, sondern auf einem ökonomischen Interesse beruht»
und übergeben das Schriftstück der kurfürstlichen rhpf. General-
Landes-Kommission.

Dieses ist ein klarer Beweis, dass es sich damals für
Mannheims Bürgerschaft um keine andere als eine Sache des
Erwerbs handelte. Sie führen an, es verlaute, dass «nicht nur
die in der Residenz aufgestellte Bibliotheque, die dortigen
Naturalien- und Kunstkammern, auch die antiquitäten und
Statuensammlung nach München geführt werden soll. Diese
einzige Nahrungsquellen, welche uns nach einer aufgelösten
Residenze bey der bayrischen Erbfolge übrig geblieben waren
und wir aus der Mitte nach so vielen unseeligen Kriegsfolgen
sozusagen mit unserm letzten Guth durch Bezahlung angesetzter
Kontributionen gerettet haben, bleiben uns neben dem Gefühl,
dass solche den Künsten und Wissenschaften uns und unsern
Nachkommen gewidmet seyen, auch noch zur Ausbildung und
Nach-Eiferung jedem wissbegierigen Fremden, bis jetzo zum
Troste übrig, dass diese durch ihren Verkehr, Nutzanwendung
und Liebhabern die hiesige Stadt besuchen, das letzte Gewerb
beleben und mit dem Absatz ihres Geldes (wozu wir die
Herrn accademicer und ihr Personale zählen) einen baaren
Geldumlauf verursachen.»

Diesen rein ökonomischen Vorstellungen der bürgerlichen
Deputation schliessen sich die Beamten der General Landes-
Kommission und der Stadtverwaltung unter Hervorsuchung
rechtlicher, praktisch sozialer und gemütvoller Gesichtspunkte
an, um «das härteste Schicksal für Mannheim» abzuwenden.
Das bewegliche Schriftstück an den Kurfürsten, in dem durch
das Organ der General Landes-Kommission «vielleicht zum
letzten Mal die Pfälzer Unterthanen die Stimme zu Höchst
deren Thron» erheben, schliesst mit den Worten:

«Es war einst eine Zeit, wo unser Durchlauchtigster
Regent in unsrer Mitte wohnte, wo das Land im Vertrauen
seiner künftigen Huld ruhte, Seiner pflegte und sich an seinem
offenen Antlitz weidete; noch sind sie tief in unser Gedächtnis
eingeprägt, jene Zeiten des Glücks und des Wohlstandes. —
Sie sind nun zwar verschwunden, ohne Hoffnung einer Rück-

kehr, aber, das Vertrauen, dass auch Maximilian Joseph sich
seiner ehemaligen treuen Unterthanen und seiner Pfalz in
Gerechtigkeit erinnere, sollen wir nicht verlieren. — Wir
dürfen vielleicht noch auf sein Herz uns berufen, und dieses
sei Richter zwischen ihm und dem Lande!»

Diesen Massnahmen gingen aber auch aufgeregtere Schritte
nebenher. Es gährte in der Mannheimer Bevölkerung, und
diese Gährung machte sich in Drohungen Luft. Gerüchte
liefen um, zufolge derer man schneidend die Bezahlung der
kurfürstlichen Schulden verlangte, auch dass man mit Gewalt
den Wegtransport verhindern werde. v. Reibeld beauftragte
die Polizei mit der Erforschung der wahren Thatsachen. Die
Bürger, die sich aus «ökonomischen Interessen» beim Markgrafen für den Verbleib der Kunstkammern verwendet hatten,
(Brentano, Reinhard, Achenbach, Ackermann u. a.) erhielten
einen Verweis für ihr illoyales Verhalten, versicherten aber
daraufhin, sie hätten nicht im mindesten durch diesen Schritt
Misstrauen bezeugen wollen, sonst hätten sie ihn unterlassen.
Jene, die mit Widerstand gedroht hatten, versicherten, sich
«discoursive» geäussert zu haben, sie hätten geglaubt, ihre
privaten Forderungen würden befriedigt werden, ehe «die
Kunstsachen und alles fürstliche Privateigentum von hier
fortkäme» und seien weit entfernt davon, Widerstand zu leisten;
sie würden vielmehr jeden zurechtweisen, der solchen nur zu
äussern wage.

Die feste Haltung der noch zu Recht bestehenden Ordnung verfehlte ihren Eindruck nicht, und v. Reibeld konnte
nach München berichten: «der weit grössere Teil der hiesigen
Bevölkerung trägt seine Hingabe an einen Fremden mit Resig-
nation — sind auch einige unter ihnen, die nach dem Geist
der Zeit die politischen Begebenheiten zu beurteilen erlauben
und aus irrigen, oft unvernünftig geträumten Thatsachen
ebenso unrichtige Resultate ziehen, so ist doch diese Gattung
hirnloser, bramarbasierender Schwätzer nicht gefährlich, und
die Erfahrung lehrt, dass sie vor jenem, der Kraft und Energie zeigt, gar bald verstummen.» — : Von der Volksseite sei
nichts zu befürchten. Für den Fall einer Revolte hatten die
badischen Kommissarien zwar ihre Truppen zur Verfügung

gestellt; aber diese «Evacuation Mannheims» wurde badischerseits doch mit lebhaftem Missvergnügen gesehen. Unterm 14.
November richtet der badische Minister v. Edelsheim an
v. Montgelas eine Beschwerde, in der er hervorhebt, es sei
eine «wesentliche Veränderung der Lage vorgenommen worden
zu einer Zeit, wo schon die Reichsdeputation alle ausser dem
Gange gewöhnlicher Administration liegenden Veräusserungen,
welche nach dem 24. August 02 geschehen wären, für un-
giltig erklärt hat». Dieses, die unziemliche Eile, das ungeordnete und unregistrierte Einpacken und die für den Markgrafen beleidigende Drohung, eventuell mit militärischer Gewalt
vorzugehen, fiel schmerzlich auf Karl Friedrich, der nur den
status quo aufrecht erhalten und die Entscheidung der güt-
lichen Vereinbarung oder den Schiedsspruch der vermittelnden
Mächte anheimgestellt wissen wollte; nach deren Deklaration
sollte alles ausgefolgt werden, auch wenn Baden sich im
Civilbesitz der Pfalz befand.

Damit «durante provisorio nach Massgabe der vorliegenden
Conventionen» keine Veränderungen mehr vorgenommen und
«keine vollgepackte Kisten, deren schon viele nach München
abgegangen» waren, mehr fortgeschickt werden konnten,
legten die badischen Bevollmächtigten auf «gemessenen Befehl
im Namen ihres Herrn» in der Nacht vom 13./14. November
Siegel an die Zugänge der kurfürstlichen Sammlungen im
Schloss, des Antikenkabinetts und der v. Traitteur'schen
Wohnung und stellte Wachen dazu, «damit Academie, Land
und Landesnachfolger nicht geschädigt würden». Sie hatten
sogar Ordre, der voreiligen Wegführung Gewalt entgegenzu-
setzen.

Die Vorstellungen und die Erregtheit seitens der Mannheimer hatte also in Karlsruhe doch Erfolg gehabt. Die tief-
eingreifenden, den Konventionen zuwiderlaufenden Massnahmen
Badens, wie die Siegelanlegung, die Aufstellung der Wachen
etc. scheinen veranlasst worden zu sein durch die mündliche
Berichterstattung des Hofbibliothekars v. Traitteur, der am
13. November den Auftrag erhalten hatte, sofort zur Aus-
kunfterteilung nach München abzugehen. Wohl fuhr er in der
Nacht vom 13./14. mit seiner Tochter nach Schwetzingen,

Waghäusel und Graben, bog aber, statt sich nach Bruchsal
zu wenden, nach Karlsruhe ab, hatte dort und auf der Dur-
lacher Allee am 14. mit den Ministern v. Edelsheim und v.
Brauer Unterredungen und ging von da über Bruchsal anstatt
nach München nach Paris. «Bei einem so laut sprechenden
Faktum» kann sich der Historiker, wie seiner Zeit der Berichterstatter v. Reibeld, jeder kritischen Bemerkung enthalten..
Gegen den «conventionswidrigen Einbruch in die kurfürstlichen Rechte» durch Besetzung der kurfürstlichen Gebäude
und Schlösser erhob v. Reibeld feierlich Protest und verlangte
sofortige Entfernung der Wachen und Siegel, umsomehr als
ihm von den badischerseits namhaft gemachten Konventionen
nichts bekannt war. Auch konnte er entgegenhalten, dass
Urkundspersonen bei der Verpackung anwesend wären.
     Die Lage in Mannheim war in den Tagen des 14., 15.,
16. und 17. Nov. sehr kritisch. Um Zeit zu gewinnen, erklären
sich die badischen Beamten zu mündlichen Unterhandlungen
bereit und ziehen die Wachen zurück. Es werden aber Gerüchte verbreitet, dass die Franzosen unter Chamboran auf
badische Anrufung beordert seien, in Mannheim einzurücken.
Die Nachforschungen ergeben jedoch, dass auf der linken
Rheinseite keine Franzosen stehen.
     In München war man von der Sachlage wohl unterrichtet
und entrüstet. Die Erlasse und Depeschen zeigen in ihrer
unverbindlichen Kürze und Bestimmtheit den Ernst der Lage
deutlich genug. Es hätte nur eines unbedachten Wortes be-
durft, um den «glimmenden Funken» zum Brand zu entfachen.
     Max Joseph weist Mannheims Forderungen nicht ohne
Bitterkeit mit den Worten zurück :
     «Da wir durch Ereignisse, die ausser unserer Gewalt
liegen und durch Pflichten gegen unser Haus, von welchen
wir uns nicht lossprechen können, zu dieser Massregel ge-
nötigt worden sind, so können wir Eure und der Mannheimer
Bitte nicht willfahren. Ihr könnt mitteilen, dass es unserm
Herzen schwer falle, die wohlthätigen Pläne, welche wir für
die Wiederherstellung ihres Wohlstandes entworfen hatten,
bei den nun veränderten Verhältnissen nicht mehr ausführen
zu können. Zur Richtigstellung der Thatsachen gegenüber

der Mannheimer Angaben müssten wir Thatumstände anführen, die unser schmerzliches Gefühl über das unglückliche Schicksal unsrer lieben und getreuen Rheinpfälzer nur vermehren würden, ohne dieselben abändern zu können.» — In der Depesche vom 18. Nov. an Baron v. Edelsheim verlangt v. Montgelas mit Schärfe nun seinerseits unter anderm die sofortige Herstellung des vorigen Zustandes (état primitif) und beansprucht die Auslieferung der Bibliothek, des physikalischen und Naturalienkabinetts, des Antiken- und Modellsaales. Die seit 1796 zurückbehaltene Gemäldesammlung, als dem Herzog von Zweibrücken gehörig, wird aber in das gegenwärtige Arrangement nicht einbegriffen.

Bezüglich der Schulden, Zinsen und Gehalte der Beamten und Pensionäre sind von der Kommission feste Grundsätze aufgestellt; im Streitfall sollen sie à l'amiable geschlichtet werden.

Die Akademie der Wissenschaften hat keine Rechte, ihre Reklamation hat keinen gesunden Menschenverstand, denn Versprechen begründen keine Rechtsansprüche, zumal bei so veränderten Verhältnissen. Der hinfällige Körper (corps caduc) existiert überhaupt nur noch dem Namen nach, und um drei oder vier Invaliden zu unterhalten, habe man dem Markgrafen den Fonds des Exinstituts überlassen.

Am 22. werden die badischen Siegel abgenommen. Inzwischen aber war der Tag der Civilbesitznahme (23. Nov. 02) herangerückt, von welchem Termin an alles nach der Deklaration der vermittelnden Mächte ausgeglichen werden sollte. Thatsächlich ist bis zu diesem Tag nichts mehr verschickt worden, und erst im Juni 1804 erstattet der bayrische Kommissar Colson Bericht über die an die Stadt Mannheim abzuliefernden Reste der kurfürstlichen Sammlungen, nicht ohne für sich selbst die im physikalischen Kabinett stehenden «zentnerschweren alabasternen Figuren, auch Erd- und Töpferarbeit» erbeten zu haben, «statt dass sie ein Raub der badischen oder städtischen Bedienten werden». Und im Dezember 1805 erfolgt durch v. Reibeld die Schenkung des Restes der Bibliothek und des Naturalienkabinetts an die Stadt, und er empfängt sowohl den Dank v. Edelsheims, als des Stadtdirektors Rupprecht. —

Die Zeichnungs-Akademie hörte auf, zu sein, nachdem
sie gerade ein Menschenalter bestanden hatte. Damit hörte
auch Mannheim auf, eine Bildungsanstalt für künstlerische
Zwecke zu besitzen. Es war arm geworden an geistigen und
seelischen Bildungselementen ; es war arm geworden an ma-
teriellem Besitz, und der Glanz einer abgelaufenen Zeitepoche
lag auf ihm, wie ein tiefdunkles Abendrot. Jetzt erst begann
es der neuen, stürmisch heraufgekommenen Zeit zu gehören.
Es musste allem Ueberkommenen erst gänzlich absterben,
damit seine eigensten und innersten Kräfte frei werden konnten :
die Kräfte des thätigen, schaffenden Bürgertums, das innerhalb eines Jahrhunderts sein Gemeinwesen zu einer im mächtigen deutschen Reiche achtunggebietenden Höhe emporge-
bracht und an Stelle des fast nur feiertäglichen, passiven
Geniessens und Lebens in der Hofgunst eine andere Fülle
des Daseins geschaffen hat : die der rastlosen Arbeit auf dem
Gebiete des Handels und der Industrie. —

Meine Arbeit wäre nun eigentlich zu Ende. Es dürfte
aber als Lücke empfunden werden, wenn nicht auch noch
die äussersten, aus meinem Stoff auslaufenden Fäden verfolgt
und offengelegt würden.

Zunächst hat das Akademiegebäude nach Entfernung der
Antiken und Aufhebung der Akademie noch mancherlei Schick-
sale und Wandlungen erfahren. Die kurbadische Regierung
hatte eine Reihe von kurpfälzischen Gebäuden in Mannheim
übernommen, ohne Verwendung dafür zu haben. Die neu ein-
zusetzenden oder noch neu zu schaffenden Verwaltungsbehörden
bedurften aber ihrerseits auch der Dienstgebäude. Da das
Akademiegebäude mit seinem reichen Zimmerbestand unter die
grösseren Gebäude der Stadt gehörte, so entstand die Absicht,
das Haus zu einer «Landvogteywohnung» zu benutzen. [77] Die
Baudirektion machte dagegen alle Bedenken geltend : Es müsste
noch ein Stallgebäude erstellt und die ganze innere Einrichtung verändert werden, was grosse Kosten verursache ; dann
aber habe das Haus auch eine ungünstige Lage, da es sich
am Ende der Stadt befinde ; es stosse mit der Vorderfassade
auf die Judengasse, mit der Hinterfassade auf den Kirchhof
und liege zwischen dem Militärlazarett und dem evangelischen

Bürgerspital; am besten werde es plus offerenti (an den Meist-
bietenden) versteigert, zumal die dringlich nötigen Reparaturen
sich immer höher beliefen. Inzwischen meldeten sich Liebhaber.
Der in englischen Diensten gestandene, aus Lahr gebürtige
Freiherr von Jossa beabsichtigte mit seinem Schwager, dem
Baron v. Bilderbeck, eine Zigarrenfabrik in Mannheim zu begründen und war geneigt, das Antikengebäude mietweise zu
übernehmen. Das Vermieten des zu 9250 fl. im Wert änge-
schlagenen Gebäudes wurde aber von Seiten der Regierung
nicht ins Auge gefasst, da die eingehenden Mietzinsen durch
nötige Reparaturen zumteil absorbiert würden, der Nutzen also
klein wäre. Da weder Kurbayern noch auch die Akademie
der Wissenschaften Rechtsansprüche machten, so zog man den
Verkauf des Anwesens vor, da an freien Gebäuden kein
Mangel war. Das Haus wurde thatsächlich einer Versteigerung
ausgesetzt, aber es fand sich nur ein einziger Liebhaber, der
nicht einmal ein Gebot gethan hat, sondern nur zu Protokoll
erklärte, dass das Haus für ihn nur 4000 fl. wert sei. Die
Gefällverwaltung fand dieses Gebot keiner Reflexion würdig
und schlug vor, das Gebäude mit vierteljährlicher Kündigung
zu vermieten «bis Mannheims Lage ein weniger düsteres Gemälde als gegenwärtig darbietet oder was wahrscheinlich eher
der Fall sein dürfte, bis das Gebäude eine andere öffentliche
Bestimmung erhalten wird.» Der Gefällverwalter Friederich,
einer der menschenfrendlichsten und feurigsten Anwalte der
Sache Mannheims in der trüben Vergangenheit, regte an, aus
dem Akademiegebäude ein öffentliches Arbeitshaus zu machen,
«in dem der Arme seinen Unterhalt nicht erbetteln, sondern
redlich verdienen und durch Fleiss und Sparsamkeit seine
künftige Lage verbessern könnte.» Wegen der leichten Verbindung mit dem Militärlazarett, dem reformierten Spital und
dem schönen Platz, den der reformierte Kirchhof bietet, «ent-
stehet nothwendig der lebhafte Wunsch, dass einstens an
diesem Orte eine Provinzial-Kranken-Anstalt, welche unserm
Lande so durchaus gebricht, errichtet würde, in welcher
Menschlichkeit und Aufklärung den Triumph davon trügen,
dass man in dem erkrankten Bruder nur den Menschen erblicke,
ohne ihn zu fragen, ob er die Ankunft des Messias erst noch

erwarte oder eingetreten glaube; ob er von Rom oder Augs-
burg seine Kirchen-Norm erhalte; ob er Städter, Landbürger
oder — denn Menschenliebe kennt ja keine Grenzen von Flüssen
und Bergen — ein Hülfsbedürftiger und doppeltes Mitleiden
verdienender Ausländer sei. Krankheit, erwiesene Unfähigkeit
der Erhaltung und Pflege in dieser, werden in jener Anstalt
die durchaus erforderlichen, aber auch hinreichend kompetenten
Beweggründe zur Aufnahme. Wie lange sollen solche Einrichtungen noch fromme Wünsche bleiben? — So lange, ant-
wortet der philantropische Beobachter, als es noch Parteien
im Staate gibt, und nicht der Mensch der erste und einzige
Zweck aller praktischen Verfügungen ist.» —

Bei aller Anerkennung, welche die kurbadische Regierung
den Ausführungen Friederichs zollte, beharrte sie doch eher
auf einer Versteigerung des Hauses, als auf einer Umwand-
lung, die wieder neue Kosten und Aufwendungen erfordert
hätte. Indessen waren die allgemeinen Verhältnisse dieser
Absicht nicht günstig, und Friederichs Schilderung von den
wirtschaftlichen Zuständen der Stadt ist ergreifend genug, um
auch heute noch ihre Wirkung zu thun. Er schreibt, um von
der Regierung möglichst günstige Versteigerungs- und Zah-
lungsbedingungen zu erhalten: «Der gegenwärtige traurige
Vermögensstand des grössten Theils von Mannheims Einwohnern, die verminderte Population, das hierdurch veranlasste
Sinken der Miethen, die beinahe erloschene Hoffnung eines
künftigen blühenden Zustandes, alle die eben so wahren, als
für den Pfälzer Patrioten schmerzlichen Umstände haben den
Hauskapital-Werth der hiesigen Stadt in einem so hohen
Grade vermindert, dass, wie die täglichen Erfahrung lehrt, bei
jedem Verkauf auch der gelegensten Häuser nur durch die
vortheilhaftesten Zahlungsbedingnisse ein einigermassen mit
ihrer Qualität im Verhältniss stehender Preis erreicht werden
kann.» —

Aber alle Bemühungen, das Haus zu verkaufen, sind
ohne Erfolg. Endlich finden sich Liebhaber, die das Gebäude
teilweise in Miete nehmen. Der Antikensaal wird alsbald als
Winterlager für Waren des Handelsmanns Joh. Elias Ackermann, teils als Geschäftsraum des Baumeisters Meissonnier

um geringen Preis vermietet. Nachdem im März 1805 Lamine den oberen Stock verlassen hatte, um nach München überzusiedeln, werden die Wohnräume des Vorderhauses an den Weinwirt Kühner als Wirtschaftsräume um 300 fl. mit der Verpflichtung vermietet, das Haus in Dach und Fach zu halten. Die Verhandlungen werden von den Interessenten stets in rascher, energischer Art geführt, der oft der langsame papierne Regierungsapparat nicht nachkommen kann. Der wiedererwachende Geschäftsgeist und die rührige, rasch zugreifende Weise des pfälzischen Kaufmanns zeigt sich in diesen Verhandlungen aufs deutlichste.

Endlich im Frühjahr des Jahres 1808 finden sich Käufer. Die auswärtigen Handelsleute Ruédin und Brechter bieten auf das ganze Anwesen 10000 fl. Noch einmal erhebt sich der philantropische Anwalt Mannheims, um für Verwendung des Antikengebäudes zu einer öffentlichen Wohlfahrtseinrichtung zu plaidieren. Die Armenpolizeikommission Mannheims trug sich mit dem Gedanken einer Reform des Armenwesens durch Errichtung öffentlicher Wohlthätigkeitsanstalten wie Spital, Arbeitshaus, Leihhaus und drgl. Friederich trägt wiederum darauf an, das Gebäude der Armenkommission zu überlassen: «Die hiesige Armen-Anstalt, dieser schöne Zeuge der mildthätigen Gesinnungen von Mannheims Bewohnern — dieses edle Institut, welches in warmer Liebe für den nothleidenden Bruder erzeugt, unter der thätigen Pflege seines verehrungswürdigen Vorstandes immer mehr und mehr zu seiner Vollkommenheit heranwächst, fühlte schon längst ebenfalls das Bedürfniss, ein Lokale zu haben, in dem diejenigen Individuen, die durch Glaubensbekenntniss oder Krankheit von den hiesigen Hospitälern, wo die Religion der Liebe so lieblos wirkt, ausgeschlossen werden, eine zweckmässige Verpflegung finden könnten; und nach der anliegenden Vorstellung glaubt solche dieses in dem obigen Gebäude gefunden zu haben.

«Die Regierung, von der die Unterstützung eines solchen Beginnens nach der diesseitigen Ansicht vom Staats-Verhältnisse, nicht blos als Wohlthätigkeit, sondern als Pflicht gefordert werden kann, sollte um die Ausführung dieses Werkes möglichst unterstützen und in dieser Rücksicht trägt man unmasgeblich dahin an, der Armen-Commission dieses Gebäude, jedoch unter Vorbehalt des Staats-Eigenthums-Rechtes, entweder unentgeldlich zu überlassen oder, wenn dieses nach der dürftigen Lage der Kassen, zu liberal sein sollte, gegen die Unterhaltung des Gebäudes und eine jährliche Abgabe von 300 fl. zu verpachten.» — Aber die Armenkommission fand bei näherer Einsichtnahme das Gebäude ihrem Zwecke doch nicht angemessen und stand von der Erwerbung ab, zumal sie in dem ehemaligen Karl Borromaeus-Hospital ein geeigneteres Anwesen gefunden hatte und erwerben konnte. Diese Entscheidung der Armenkommission mochte der Regierung selbst nicht ungelegen kommen. Denn so sehr man auch «dem edeln Zweck ein Opfer zu bringen sich durchdrungen fühlte, so konnte man doch, wo zur Aufrechterhaltung des Staatskredits der Verkauf aller entbährlichen Dominalgebäude und Grundstücke so dringend von höchsten Orten befohlen war», sich jetzt nicht auf Schenkungen einlassen. Der Verkauf des Hauses an Ruédin und Brechter, die ein Fabrikgeschäft darin zu etablieren gedachten, wurde am 6. August 08 für 10000 fl. vollzogen. Gleichzeitig ward mit den Käufern ein Mietkontrakt über das dabei gelegene Waschhaus für 275 fl. jährlich abgeschlossen. Der Weinwirt Kühner erhielt seine niet- und nagelfesten Veränderungen und Reparaturen im Hause vertragsmässig rückvergütet. Die Firma Ruédin und Brechter konnte sich aber in Mannheim nicht lange halten. Nachdem bereits über 3000 fl. an Terminen abbezahlt waren, löste sich die Societät Ruédin und Brechter Ende des Jahres 1810 auf und die beiden Käufer entfernten sich infolge schlechten Geschäftsstandes heimlich aus Mannheim. Der Kaufmann Mich. Bläss, der als Bürge für Jak. Brechter eingestanden war, konnte den Restkaufschilling von 6857 fl. nicht aufbringen, und so wurde eine Versteigerung des Hauses in Aussicht genommen, damit der Wert des Objektes nicht in den bevorstehenden Konkurs einbezogen werden könnte. Bei der Versteigerung erwarb Bläss das Haus und entrichtete den schon seit 3. November 1810 fälligen Termin samt Zinsen am 17. März 1811.

Damit hatte das Haus wieder einen Eigentümer, und das schicksalreiche Gebäude blieb für die nächste Zeit im Besitz des Mich. Bläss.

Heute wird in dem ehemaligen Antikengebäude eine Zigarrenfabrik betrieben. — —

Schon im Jahre 1802 beklagte Th. v. Traitteur bitter das Schicksal dieses Musenwohnsitzes, von dessen Vorhandensein kaum der hundertste Einwohner von Mannheim auch nur eine Ahnung hatte und den selbst «Menschen, die auf Bildung Anspruch machen wollen, von Kunst sprechen, vom Geschmack und was dergleichen Sachen mehr sind, kaum eines Blickes würdigen oder sich auch nur bemühen, sich dahin zu begeben».

War der Untergang der Akademie demnach ein Verlust für Mannheim?

## Quellen und N° der Faszikel:

(G. L. A. = General-Landes-Archiv Karlsruhe.)

[1] 1794. G. L. A.
[2] 3691. »
[3] 1794. »
[4] 1672. »
[5] 1794. »
[6] 3691. »
[7] 1672 und 1794. G. L. A.
[8] 3691. G. L. A.
[9] 1794. »
[10] Cod. gall. 616, Memoiren von Mannlich. Ms. Staatsbibliothek München.
[11] Ueber die sittlichen Zustände in Mannheim siehe v. Weech: Römische Prälaten am deutschen Rhein, Seite 60.
[12] 3691 und 3120. G. L. A.
[13] v. Weech: Römische Prälaten, Seite 61.
[14] Wiegmann: Die königliche Kunstakademie zu Düsseldorf. Seite 1 ff.
[15] Bode: Pan II, 1 und 4.
[16] 3691. G. L. A.
[17] Frankfurter Zeitung, Februar 1899.
[18] 1794 G. L. A.
[19] 3691. »
[20] 1794. »
[21] 3691. »

[22] 1381. G. L. A.
[23] 1794. »
[24] 1536. »
[25] 1397. »
[26] 1672. »
[27] 1794. »
[28] 1762. »
[29] 1794. »
[30] 1672. »
[31] 1794. »
[32] 3691. »
[33] 1794. »
[34] 3691. »
[3] 1794. »
[36] 3691. »
[37] 1794. »
[38] 1795. »
[39] 1794. »
[40] 3691. »
[41] 1794. »
[42] 3691. »
[43] 1794. »
[44] 1536. »
[45] 1794. »
[46] v.Traitteur: Ueber die Künste etc. Ms. K. Hausarchiv München.
[47] 1799. G. L. A.
[48] 1794. »
[49] K. Kreisarchiv Speyer No.34.
[50] 1795. G. L. A.

[51] 3691. G. L. A.
[52] 1794. »
[53] 3691. »
[54] 1794. »
[55] 1795. »
[56] 1794. »
[57] 3691. »
[58] 1795. »
[59] 3691. »
[60] 1795. »
[61] Hauck: Geschichte der Stadt Mannheim. S. 30 und 117.
[62] 1795. G. L. A.
[63] Cod. gall. 616.
[64] Kreisarchiv München Fasz. 286.

[65] Cod. gall. 616.
[66] Königliches Kreisarchiv Speyer Fasz. 34 und G. L. A. Fasz. 1795.
[67] G. L. A. Fasz. 1381.
[68] Cod. gall. 616.
[69] G. L. A. Fasz. 1795.
[70] » » » » 1796.
[71] » » » » 1795.
[72] Cod. gall. 616.
[73] G. L. A. Fasz. 1795.
[74] » » » » 1796.
[75] » » » » 1795.
[76] Königliches Kreisarchiv Speyer, Fasz. 143.
[77] G. L. A. Fasz. 1796.

# Personenregister.

### Druckfehler:

Seite 20, Zeile 10 v. u. lies Brouillot statt Bouillot.
Seite 38, Zeile 3 u. 4 v. u. lies gnä = digstes statt gnäd = igstes.